U1016317

时代脉动

当代中国时尚

FASHION OF CONTEMPORARY CHINA

刘德斌　杨　军◎主编

孙丽萍　赵大因　靳　亮　董晓舒◎编著

世界知识出版社

图书在版编目（CIP）数据
时代脉动：当代中国时尚 / 孙丽萍等编著；-- 北京：世界知识出版社，2012.10
（解说中国 / 刘德斌，杨军主编）
ISBN 978-7-5012-4352-5
Ⅰ. ①时… Ⅱ. ①孙… Ⅲ. ①社会生活—概况—中国—现代
Ⅳ. ① D669
中国版本图书馆 CIP 数据核字（2012）第 235537 号

书　　名　时代脉动：当代中国时尚
作　　者　孙丽萍　赵大因　靳　亮　董晓舒

责任编辑　王瑞晴　蔡金娣
责任出版　王勇刚　赵　玥

出版发行　世界知识出版社
地址邮编　北京市东城区干面胡同51号（100010）
电　　话　010-65265923（发行）
　　　　　010-85119023（世界知识书店）
网　　址　www.wap1934.com
印　　刷　北京新华印刷有限公司
经　　销　新华书店
开本印张　700×960毫米　1/16　14½印张
字　　数　178 千字
版次印次　2013年1月第一版　2013年10月第二次印刷
标准书号　ISBN 978-7-5012-4352-5
定　　价　36.00 元
版权所有 侵权必究

主编序

中国与世界的关系正在经历一场历史性的变化。这场变化不仅体现在中国与这个世界更为深入地融合在一起，而且也体现在中国对世界和世界对中国认识的变化上。

中国曾经是“东亚病夫”，积贫积弱。辛亥革命终结了清王朝的统治，但却没有能够挽救中国沦为西方列强和日本半殖民地的命运，中国在四分五裂中任人宰割一百多年！中国也曾经是“世界革命的摇篮”，1949 年革命成功，独立、统一（除香港、澳门、台湾外）的新中国先后公开与美、苏两个超级大国相对抗。曾几何时，中国又变成了“世界工厂”，为全世界生产物美价廉的生活用品，同时也成为石油、矿石、谷物、汽车、飞机等大宗商品以及各种奢侈品最主要的消费国。无疑，对比过去的“贫弱”和“革命”时代，今日之中国对这个世界是一个更具建设性和开放性的国度，也应该是一个更容易被世界所了解和理解的国度。

但事实上，正是中国这个“睡狮”真正“醒来”并开始“震撼”世界的时候，她却变得更容易被人曲解和误解了。读者不难发现，随着中国的发展壮大，国际学术界和媒体关于中国的看法也变得更加极端，从“中国崩溃论”到“中国威胁论”，从“中国责任论”到“中国统治论”，应有尽有。当然，也有关于“中国模式”、“中国道路”和“中国经验”等的讨论和探索。改革开放三十年之后的中国成了一个世界之“谜”，因为中国用几十年的时间，实现了许多国家需要几个世纪才能实现的时代跨越，没有人能够完全令人信服地解释出个中缘由。围绕这个“谜”，世界各国的中国学家都在进行新的探索，世界各主要国家中国学的内涵不断扩大，从事中国学的专业人员也大大增加了。同样在中国，改革开放三十多年来，当不同学科的学者都在学习和借鉴西方的理论和经验，努力构建“具有中国特色的”学科理论或“中国学派”时，蓦然回首，却发现我们现在缺少的已经不是对西方学术理论的了解，而是对“中国故事”的解读，是对中国与世界关系历史与现实关系的新的认知。中国学者与海外学者的中国学研究正在汇聚，无论我们怎么界定，“汉学”、“新汉学”或“中国学”正在以一种新的面貌展示在世人面前。

当然，对迅速变化着的中国的了解和理解不可能也不应该仅仅是象牙塔内顶尖学者的责任，而是应该和任何一种关心中国历史、现实和走势的中国人和外国人的经验联系在一起。在这之中，包括中国的学生、学者和社会各界有识之士，特别是那些肩负重任，走出和即将走出国门以传播中国语言和文化、增进世界各国对中国了解为己任的“文化使者”，也包括那些来到中国或在其他国家以中国研究为专业的外国学人。首批推出的《解说中国》系列丛书，就是为想要深入了解中国的中外读者提供一个对当代中国比较全面的描述。作者不求以惊世骇俗的“高论”制造轰动效应，而是以娓娓道来的方式，把一个承载着几千年文化传统，在经历了灾难深重的存亡危机之后，快速赶超上来的现代中国多侧面地展现在读者面前，让读者自己去思考、交流和判断：什么是中国？中国是一个怎样的国家和民族？中国发展道路的独特性究竟在哪里？中国未来的发展趋势是什么样的？

从历史的眼光看，中国与世界关系的变化才刚刚开始，这种变化的根源和前景可能远远超出我们现在的判断和预期。世界需要认识一个新的中国，中国当然也需要认识一个不断变化着的新世界。《解说中国》系列丛书的作者和编者都是中青年学人，他们是中国与世界关系变化的思考者，也是解读当代中国变迁的探索者。他们愿以自己的作品启发读者的讨论，同时也欢迎有识之士的批评和指正。

刘德斌

二〇一二年十月

目录

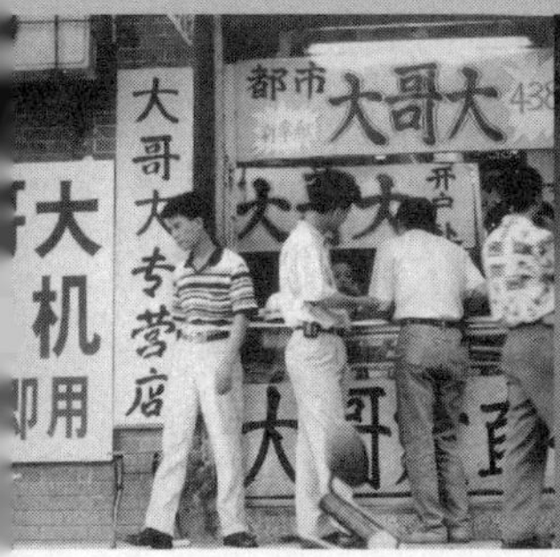

绪论

什么是时尚？时尚是一种潮流，具有鲜明的时代性，通常由少数人发起，并得到社会大众的崇尚与效仿；时尚是一种文化，具有深厚的历史底蕴和特性，不同地域、不同民族、不同宗教信仰的人们历史上都曾创造出属于自己的时尚；时尚是一种力量，一种影响，具有无形扩张的特点。借助于现代资讯，它能在短时间内迅速穿越主权国家的藩篱、克服高原荒漠的阻碍而传播全球。某种意义上，时尚代表了一个国家、一个民族的国际形象，是其文化软实力的重要体现。

曾几何时，中国是傲视群雄的文明古国，领引着世界的时尚潮流。汉唐盛世，中国的文化、制度、建筑、服饰等影响着周边区域，一衣带水的日本仰慕中华文明，曾在公元 7 至 9 世纪多次派遣使节，克服重重困难来到中国学习。近代早期，中华文明亦居于世界前列，中国的书画作品、瓷器、漆品等成为彼时欧洲上层社会最为流行的时尚珍品。时尚背后，是多元一体、兼容并蓄的中国古代文化和高度发达的农业经济的强有力支撑。

自鸦片战争开始，中国在世界现代化的进程中落伍了，时尚也因此远离中国，成为西方的专有名词。此后的中国人开始学习西方时尚，大至民族国家的制度构建，小至脱掉长袍马褂、改为穿西服扎领带，中国人开始了痛苦而艰难的现代转型。无论是洋务运动、百日维新，还是辛亥革命、五四运动，无不透射出仁人志士试图遵从世界潮流、效法欧美的努力。1949 年新中国的成立，结束了战乱频繁、军阀割据和民不聊生的状况，中国实现了从一个衰败的农业帝国向现代民族国家的转变，并开始探索一条不同于西方历史经验的现代化之路，试图在西方世界之外建立一种新的生产和生活方式，确立一种新的时尚标准。

1978 年的改革开放标志着中国开始重新认识世界、融入世界。从 1978 年到 2008 年，在短短的 30 年内，中国经济实现了快速增长，并在 2010 年超过日本成为全球第二大经济体，中国自身的精神面貌亦发生了翻天覆地的变化。从穿衣打扮、衣食住行到生活娱乐、思想观念……无论个人、家庭还是国家与社会乃至中国与世界的关系都发生了根本性变化。可以说，世界改变了中国，中国正在影响着世界。当代中国时尚试图记录改革开放以来时代的每一次脉动，重温中国人内心深处温暖的生活记忆，分享这个具有 5000 年历史的文明古国奉献给世界的新时尚，见证中国从一个全球化进程中的边缘国家成长为一个经济大国乃至上升为一个让世界接受的新兴大国所经历的心路历程。

服饰篇

1978年，在中国人的记忆中，是共和国一个新的历史起点。这一年，红色中国悄然向世界开放了国门，中国人由此开始了认识世界、了解世界与融入世界的现代化之旅。作为时尚的风向标，服饰展示了现代化进程中中国人形象的嬗变。从改革开放之初学习西方时尚，到展示个性的多元化选择直至新世纪从中国制造到中国创造的转变，在三十几年的时间内，中国已经成为全球时尚不可忽视的新生力量。更为重要的是，服饰亦是一部历史，它鲜活生动地记录了中国与世界正在发生的历史性变化，折射出世界改变了中国与中国正在影响世界的点滴变化。

时尚之风西方来

那时记忆

1979 年，皮尔 · 卡丹举办了文革后第一个国外品牌的时装展示会。

1984 年，长春电影制片厂拍摄的电影《街上流行红裙子》上映。

1987 年，中共十三届一中全会召开，新当选的中共中央政治局常委，第一次穿西装集体亮相。

“ 80 年代真好！”这是年龄稍长的人对那个渐渐模糊了的年代的美好回忆。改革开放初期，走出时代禁忌与禁锢的中国焕发出前所未有的生机与活力。军装、中山装、学生装等“老三装”逐渐淡出了人们的视野，西装、喇叭裤、蛤蟆镜、比基尼等“奇装异服”进入到中国人的生活之中。而大波浪等各式烫发也取代文革时期千篇一律的梳短发、扎辫子，成为爱美女性的选择。这些舶来品将西方国家的时尚潮流引入了中国，改变了中国人数十年整齐划一和单调乏味的装扮，拉近了中国与世界的距离。

西装取代中山装

中山装，是由中国革命的先行者孙中山先生综合了西式服装与中式服装的特点，设计的一款立翻领、前对襟、四贴袋的服装。辛亥革命后，中山装以其造型大方朴实，结构严谨持重而被国人所热爱，成为革命者首选的服装。新中国的开国大典上，革命领袖毛泽东身着中山装，庄严宣告了中华人民共和国的成立，并赋予它新的革命意义。因此，中山装成为新中国一款标志性的服装，而普通人也以身着中山装来表达对新时代的热爱。

西装源于欧洲，作为现代与西方文明的象征而被世界所接受。西装早在清末即已传入中国，并在五四运动之后作为新文化的象征冲击了传统的长袍马褂，渐渐得以流行。新中国建立后，西装一度消失在人们的视野之中，而它重新回归则是沐浴在改革开放的春风，西装逐渐取代了中山装，成为上个世纪80年代男士最为时尚的着装之一。1983年的《时装》特刊曾转引《东京新闻》上的一篇文章，其标题为："中山装，再见。"

西装热的出现表明，思想解放后的中国人不再讨论西装属于哪个阶级，它具有什么政治含义，欲与国际接轨的中国人以一种迫切的心情来接受这种虽不陌生却又倍感新鲜的服饰文化。1987年11月2日，中共十三届一中全会召开，新当选的中共中央政治局常委，第一次穿西装集体亮相，从而掀起了全国的西装热。这一波"西装热"远远超过了民国时期，从高层领导人、电视台播音员到平民百姓都选择穿西装。西装开始遍及大江南北、城市乡村，穿西装打领带成为一种时尚。那时的中国人不太会穿西装，对相关的礼仪知识也知之甚少，出现过穿西装者保留袖口上的商标，穿西装蹬布鞋，农民工穿着西装砌墙刮浆的情况，但毫无疑问，西装成为了中国改革开放初期的一道风景线……

"不爱武装爱红妆"

"不爱红妆爱武装"曾经是20世纪60至70年代初中国女性的审美标准和价值尺度，那个时候的中国女性掩饰了自然的女性之美而尽显阳刚之气。文革时期的时髦女性梳一头革命短发或扎辫子，身穿象征工人阶级的蓝色布衣裤或更为时髦的绿色军装。艰苦朴素是这一时期最基本的着装要求，如果哪个年轻女孩喜欢打扮，很容易被扣上资产阶级复辟的政治帽子。70 年代后期，人们的审美标准开始发生变化，看似平静的生活开始荡漾起涟漪。

1984 年，一部由长春电影制片厂拍摄的电影《街上流行红裙子》上映，女主人公那一袭红色衣裙强烈冲击着习惯于绿、蓝、黑、白、灰的人们的

《街上流行红裙子》剧照

视觉。这部电影以时装为题材，讲述了上海纺织厂的女劳模与漂亮的红裙子之间的矛盾冲突， 由当时的偶像级明星姜黎黎与赵静主演。影片以模范女工陶星儿的思想变化为中心，将人们对心灵美、行为美的追求与对外在美的追求结合起来，表现了时代进程中新旧思想之间的斗争，影片向人们

传递着这样一种重要信息，美是没有阶级性的，穿衣服“出格”一些，与思想的健康与否不一定存在着必然的联系。银幕上的“红裙子”，大胆突破了建国以来特别是文革时期女性“不爱红妆爱武装”的经典革命形象而赋予了女主人公更多的女性之美。自此，一个多姿色彩的女性服装时代来临，中国女性终于可以自由地表达个体对美的理解与追求。

在街上流行红裙子的同时，一种名为“的确良”的化纤布料开始流行起来。的确良，学名是一苯二甲酸乙二酯，通常用来做衬衫。如果以现在的标准来衡量，它透气性差、不吸汗，既不环保又不舒服，但是它挺直不皱、不缩水、干得快、不变形、不怕霉蛀、不用熨烫，而且色彩鲜艳，让沉浸在灰暗色系十几年的中国人眼前一亮。那个时代如果哪个女孩子拥有一件的确良做的衬衫或裙子，其时尚的程度不亚于现在某些限量版的大牌包。可以说，“的确良”满足了改革开放初期中国人对美好生活的极度渴望。

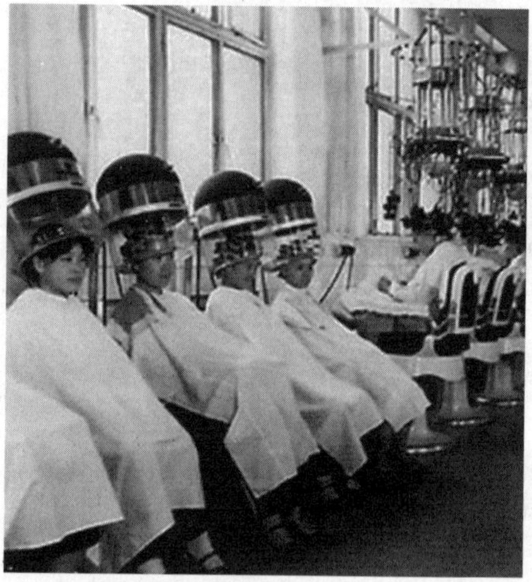
年轻女性的新宠——“烫发”

在着装变化的同时，中国女性告别了70年代千篇一律的辫子或短发，开始尝试彰显个性的各式烫发。长发被剪成及耳短发，再到理发店烫成小卷，就成了当时最流行的“菜花头”，这种头型留长之后就成了成熟性感的“波浪头”。两种卷发的流行，一时间让门口挂着红白蓝转筒的理发店门庭若市，每天都挤满了前来烫发的年轻女子。但是在当时，烫发仍然是一种前卫的举动，甚至有些思想相对保守的人还将烫发视为“不正经”的不端行为，但已无法阻挡中国女性爱美的脚步。

喇叭裤引发的争论

服饰是文明的高度浓缩与表现，承载着时代的审美元素与道德理念，中国与世界的接轨，首先不是思想理念上，而是穿着打扮上，开始于女孩

蛤蟆镜、喇叭裤是当时最时尚的装束

子烫头发、男孩子穿喇叭裤。服饰激发了人们的生活热情，虽然当时人们的收入仍然不高，但年轻人还是大胆地追求服装的新潮和色彩，喇叭裤代表了这一时期年轻人的时尚潮流，美的法则在古老的中国复活了。

喇叭裤，英文为 Flared Pant Suit，因裤形状似喇叭而得名。它具有低腰短裆、上窄下宽的特点，而且紧紧包裹臀部。因为从膝盖以下裤口逐渐张开，尺寸明显大于膝盖的尺寸，故形成喇叭状，而裤子拉链不分男女一律开在正前方，又被戏称为“扫地裤”。

喇叭裤是一种舶来品，它早在20世纪60至70年代风靡美国，“猫王”把喇叭裤推向了时尚服饰的巅峰。随后在港台地区流行，当时港台电影中的明星们都穿着喇叭裤，把屁股包得滚圆。而在内地城市中的男装仅有中山装、夹克衫等几种，裤子大概只有一种又肥又大的直筒裤了，几乎千篇一律，呆板傻气。渴望自由的年轻人从当时的海外电影中受到影响，将裤腿悄悄放开，体现了一种青年人“后文革时代”叛逆的性格。第一批穿上喇叭裤的，在思想保守的人眼中，无疑就是“男流氓”和“女流氓”。当时的流行歌手艾静创作并演唱了一首名为《艳粉街》的歌曲，描述过这样的现象：“有一天一个长头发的大哥哥在艳粉街中走过，他的喇叭裤时髦又特别，他因此惹上了祸，被街道的大妈押送他游街……”1979年《中国青年》上发表了一篇题为《从青年人的发式和裤腿谈起》的文章，文章指出：“头发的长短、裤脚的大小和思想的好坏并没有必然的联系。”

在上个世纪的80年代，仅仅穿上喇叭裤还不算是新潮，头顶蘑菇头、腿穿喇叭裤、身着的确良衬衫、眼罩蛤蟆镜是当时时尚青年人的经典着装。一时之间，一群大胆追求时尚、彰显自我个性特立独行的人出现在中国的大街小巷中，成为最早的时尚一族。

皮尔·卡丹来中国

对于改革开放后长大的一代中国人来说，皮尔·卡丹曾经是西方时尚的代名词。

皮尔·卡丹是第一位来到中国的欧洲设计师，此前他已两次获得法国时装界最高荣誉奖——金顶针奖。他设计的时装风靡欧洲，同时完成了从高级时装秀“落地”至普通市民中间的转变。而此时的中国却是军便装和中山装的海洋，一些初来乍到的外国游客甚至辨识不出男女，更不用说何

皮尔·卡丹初到中国引起人们围观

为时尚了。皮尔·卡丹的中国之行源于一幅挂毯。在 1976 年法国的一次地毯展览会上，皮尔·卡丹被天津地毯厂编织的一幅以绿色为基调的长城图案挂毯深深吸引，于是，他在展览会上留下了自己的名片，希望买下这幅挂毯并有机会到中国来欣赏古老的东方文化。

1978 年，皮尔·卡丹终于得以游客身份进入中国。一个老外身穿毛料大衣、脖子上随意搭条围巾，手插在兜里，气宇轩昂地走在北京的大街上，这在中国是绝无仅有的“景色”，吸引了周围所有人的目光……1979 年，皮尔·卡丹举办了新中国有史以来第一个国外品牌的时装展示会。皮尔·卡丹亲率 12 名法国姑娘在北京民族文化宫进行了一场时装表演，当时被称为“服装观摩会”。虽然在当时的政治环境下参加观摩会的人还必须通过审查，记名对号入座，但也给中国服装界带来了不小的震动。当台上的金发美女面对观众停止脚步，突然兴致所致地敞开对襟衣裙，台下的人们竟像一股巨浪打来，身子齐刷刷向后倒去。与西方世界隔绝已久的中国人第一次知道了“外面的世界很精彩”，并第一次认识到“品牌”的含义。

皮尔·卡丹带来的新时尚之风

皮尔·卡丹的中国之行将西方的时尚之风和时尚观念介绍给当时的中国，正如他本人对此的评价“我是第一个让中国了解什么叫时尚的西方人。我很像马可·波罗，因为我们都具有冒险精神”。

“选美”与“裸女壁画”风波

“万山不许一溪奔，拦得溪声日夜喧。到得前山山脚尽，堂堂溪水出前村。”宋朝诗人杨万里的这首诗形象描绘了当时改革之潮的命运。

对于21世纪的中国人来说，“选美”与“裸女壁画”已不再是轰动社会的新闻事件。但是，对于刚刚走出文革思想禁锢的中国民众来说，这两个事件确是关乎社会道德风尚和思想是否健康的重大问题，引发了中国社会的极大争论。

1985年初，改革开放的先锋城市广州市团委为了配合中央“两个文明建设”和“五讲四美三热爱”活动，策划了“首届羊城青春美大赛”。据说，这是新中国历史上第一次在大城市举办的选美比赛。2月3日晚7时开始的预赛，不仅要面试选手的形体仪容，而且要笔试文化知识，共有550多

首届羊城青春美大赛

位俊男靓女参加初赛，130 多人通过了预赛。2 月 14 日在广州少年宫又举办了初赛，由考官对每个人依次进行详细的面试。但是初赛之后，选美比赛遭到了非议，虽然还是继续举行下去了，但是报道方面被限制了很多，许多图片没能在内地见报，这也使得本次选美比赛蒙上了一层神秘的面纱。

裸体在近代中国历史上一直是个敏感话题。在大一统的传统社会中，裸体被视为低级趣味。早在民国时代画家刘海粟就曾用裸体模特作画，在当时的社会引起了轩然大波。在封建卫道士看来，仿佛裸体一出，就世道沦丧国家灭亡。无论是裸体模特还是裸体壁画，已经不仅仅是一个风化问题，而是关乎社会进步的大问题。而首都机场的“裸女壁画”风波则突显了改革开放过程中改革力量与保守力量的冲突。

1979 年 10 月，由张仃、袁运甫、袁运生等艺术家创作的大型壁画群，在首都机场创作完成。其中，袁运生的作品《泼水节——生命的赞歌》，画面中出现了三位裸体沐浴的傣族少女，尤为令人关注。 作为中国改革开放窗口的首都机场墙壁上出现了女人裸体，对于许多海外投资者来说预示了真正意义上的改革开放。当时在内地投资的霍英东先生曾经回忆说：“我每次到北京，都要先看看这幅画还在不在。如果在，我的心就比较踏实。”一幅原本普通的壁画，被赋予了政策风向标的特殊含义，也带来了意想不到的争议。反对的人主张修改，认为在首都机场这样重要的公共场所，出现裸体壁画有伤风化，至少要穿个裤衩，或者不行就干脆撤掉。1979 年年底，有人以中国美协的名义专门组织过一次现场批判会。为了平息有些批判者的怨气，画最终还是被挡了起来。先是 1980 年加了个纱帘，好像给裸体女子穿了件衣服，后来到了 1982 年又用三合板挡上，这一遮一挡持续了 10 年。一直到 1990 年 9 月，北京亚运会召开在即，这幅被雪藏了 10 年的作品才得以重见天日。

裸女壁画

百变 90 年代

那时记忆

1990 年代，健美裤、松糕鞋风靡一时。

1990 年代，文化衫广泛流行。

1990 年代，模特职业被人们普遍接受。

进入 20 世纪 90 年代，随着社会主义市场经济的提出和认可，人们认识到，市场和计划无所谓姓“资”姓“社”，都是资源配置的手段而已，都是为了改善和提高人们的生活。改革的进一步深化，推动中国与世界时尚同步。内衣外穿、文化衫表现了现代人反传统的性格，而“一步裙”、休闲装的热销则表明中国人的着装意识开始提高，“哈日”、“哈韩”族的流行，加快了中国融入世界的脚步，模特、选美事业的蓬勃发展，见证了中国时尚产业的发展。

内衣外穿

1990 年代国际上“后现代主义”思潮的流行，已经影响了中国的一代年轻人，没有中心、没有权威，一切都可以打破再随意组合。说反叛也好，说不肖也行，总之，年轻人在时装流行上充当了先锋，而且这先锋义无反顾，我行我素，内衣外穿是这一潮流的典型代表。

所谓内衣外穿，是指以内衣特征来设计外衣的穿着风格，主要表现为将胸衣、花边内裤作为外衣的构成元素。这一设计风格在1990—1991年巴黎春夏女装发布会上出现，并风靡了整个90年代。由内衣外穿引发了一系列反传统的着装风格。露背装、清凉装风靡大江南北，长城内外。

整个90年代，中国年轻人的衣装趋向短小。秋冬季青年人在肥大的毛衣外面套上短半截的夹克，中老年人称之为“里三外二五”，青年人却得意地称之为“反常规”，这一“反”使得一切搭配的规则全被打乱了，延续了多少年的上衣长，下裙要短；裙子长，上衣要短等都成为陈规旧制。总之，一切成规皆可打破，不论思想还是服装。天寒地冻的严冬季节，你也能看到穿着单薄的美女袅袅婷婷掠过你的视线，要想俏冻得跳的年代已经过去了，私人汽车的普遍、办公条件的优越足以使更多的女性把夏天的轻衫薄裙一直穿到雪花纷飞。社会开放之后，时装流行周期就会缩短，“酷”、“蔻”、“韩流”、“波西米亚风”接踵而来。年轻人乐此不疲，而中老年人也不再愿意当老夫子，一切都可以“解构”。

文化衫的热销

值得一提的是，文化衫的出现使得自由穿衣、随意时尚的风潮达到了顶峰。文化衫是一种以纯白色T恤衫为基础，在其上手工绘制各种图案或者文字的简单衬衫，这种衣服简约不简单。简单的是它仅仅是一件白色T恤和几个图案，简约在于它不仅是中国人个性的体现，还记录着中国人生活观念的变迁。与当时一般流行的T恤不同，文化衫上大多写着反叛式、调侃式的、消解崇高式的各种文字。这些文字，受到当时最为流行的王朔语言的影响。

“别理我，烦着呢”、“我是流氓我怕谁”、“跟着感觉走”……诸如此类的话语都是王朔语言的典型代表。而王朔及其代表的“痞子文学”在那个时代受到年轻人热捧，他的作品《过把瘾就死》、《顽主》、《动物凶猛》、《一半是海水、一半是火焰》出版后引起了很大的社会反响，几乎每一部小说的名字，都会迅速成为民间流行的语言进而成为文化衫的主题词。

90 年代的文化衫

百变潮流

90 年代中国服饰紧跟世界潮流，令人目不暇接。随着迪斯科在中国的兴起，服装界也掀起了迪斯科装的潮流。之前还让人“惊心动魄”的“迷你裙”其时已失去了“迷你”的新鲜感，牛仔裤从喇叭形转换为萝卜形、直筒形。一时间，蝙蝠衫又成了流行装。袖笼与下摆相连成了一条斜线，致使着装者一抬胳膊，毛衣廓形如同蝙蝠，人们越来越敢于在着装形式上突破了。受国际上阿玛尼风格的宽肩直线影响，女装趋于肥大，毛衣越来越长，因此出现了不穿外套也可以直接将毛衣穿到正式场合的现象。健美裤也流行了相当长的一段时间，一般以黑色为主，带有很大的弹性。由于当时流行，凡是女性，无论年龄大小几乎人人都穿，中国人的生活态度越来越表现出自信与开放。

摆脱束缚的中国人在着装方面更为自由，紧随世界潮流，把握青春时光。彰显个性的热裤、松糕鞋在这一时段尤其流行。夏天的炎热让热裤非常流行，超短的裤腿设计不仅有利于人体散热，而且更能展现好身材。松糕鞋以其超厚的鞋底设计而取名，这种鞋子满足了一些想要增加身高的年轻人的需求，也成为了彰显个性的穿着打扮。

90 年代一股崇尚日本、韩国的风潮从海外吹到了内地，在中国的年轻人中风行开来，“哈日”族、“哈韩”族成为一股潮流。这些年轻人出门玩滑板，扎花里胡哨的头巾，穿着松糕鞋和有短流苏的裙子，喜欢《樱桃小丸子》、《机器猫》、《灌篮高手》、《流星花园》等卡通片。这些头染五颜六色、穿着拖地长裤的年轻人，穿梭于中国的大街小巷。

专卖店的出现

改革开放之前，中国绝大多数地方采用的是凭票买衣服、布料，只有大城市拥有所谓的百货商店，但是能到百货商店里消费的人少之又少。改革开放初期，中国个体经济蓬勃发展，出现了许多路边服装摊，售卖当下最流行样式的服装，北京的秀水街、武汉的汉正街都是当时有名的时尚服装市场。

90 年代初，国外大型零售超市开始全面进驻中国市场，服装也成为了超市销售百货中的一员，至此，中国服装消费从单一走向了多元。人们的选择更加丰富，范围更广，生活更加便捷。但在 90 年代让人印象最为深刻的是中国开始出现了服装的专卖店。多数是某一品牌拥有独立店铺，店内专营本品牌的所有服装。这种经营方式的出现大大提高了服装市场的地位，也说明了中国百姓对服装消费的需求和渴望，中国人民对自身生活质量的追求。随之而起的是一系列由专营店组成的商业街，同时被拉动的还有同服装消费相配套的餐饮、娱乐等消费项目。服装专卖店的出现，使中国人认识到品牌的价值。

模特大赛

迈着款款的一字步，行走在引领时尚的T型台上，面对着无数的镁光灯，这就是我们在媒体上看到的模特。做一名模特，是当今令无数靓女俊男向往的职业之一。但是，在上世纪的80年代中国向世界打开国门之初，模特这一职业却一度遭到社会的不理解甚至鄙夷，以至于第一批的中国模特在社会中是被人嗤之以鼻和不愿被提及的，大多数人觉得这种职业不是一种正当职业，从事模特职业的人也不是作风正派的人。当时的模特很多在保密状态下工作。进入90年代，随着人们思想观念的变化，中国模特行业不再受到人们的指指点点和议论，而成为一个蒸蒸日上和成就梦想的新兴行业。

90年代初期，中国新丝路公司举办了中国首届的模特大赛，掀开了罩在模特行业头上的面纱，也打破了人们对模特行业的偏见。模特逐渐摆脱了莫须有的罪名，成为承载美丽、展现魅力的新方式。中国模特事业也以昂首挺胸的新姿态走进了人们的视野和生活。同时模特行业的大门也向全社会的有志人士敞开了，但是，模特行业的入行标准极为严格，所以至今仍有很多年轻人在为成为一名出色的职业模特而努力奋斗着。

中国早期模特行业的发展离不开第一批中国超级模特们。叶继红、陈娟红、瞿颖、姜培琳、李冰、陈俊、胡东等一系列名模为中国的模特行业开拓了先行的道路，让世界认识了中国的模特、时装乃至时尚，让中国人的时尚观念、生活理念、精神信念走出国门，迈向世界。

中国新丝路模特大赛

从中国制造到中国创造

那时记忆

2001 年，上海亚太经济合作组织峰会上，20 位各国领导人着唐装集体亮相。

2005 年，新秀水街市场以全新的面貌开业。

2007 年，中国金顶奖设计师计文波携男装品牌“利郎”登陆米兰男装周。

新千年伊始，中国经济取得了举世瞩目的成绩，并于 2010 年超过日本成为全球第二大经济体。中国速度、中国模式、北京共识等各种赞誉之词不断涌现。可以说，中国经济实力的强大，直接推动了中国时尚业的迅猛发展。2001 年上海亚太经济合作组织峰会上，20 位各国领导人穿中式对襟唐装集体亮相是一个时代标志，中国元素成为世界时装界的新宠，中国正在经历着从中国制造到中国创造的转变。

唐装热

新世纪，伴随着中国经济的快速发展，中国元素也开始得到越来越广泛的体现，唐装走俏全球、旗袍热遍世界，中国元素作为一种文化和商业潮流在全世界受到注目。

“唐装”的称谓，源于海外。大唐盛世，中国的艺术、制度、建筑、文化等声誉远及海外，海外各国因称中国人为“唐人”。《明史·外国真腊传》言：“唐人者，诸番（外国人）呼华人之称也。凡海外诸国尽然。”在世界各地的海外华人居住区，亦因而被称为“唐人街”，把海外华侨穿的中国传统风格的服装称为“唐装”，不仅顺理成章，而且在海外早已成为惯称。

2001 年上海亚太经济合作组织峰会上，20 位各国领导人集体亮相，他们穿的都是大红色或宝蓝色的中式对襟唐装，这一情景通过电视镜头瞬间传遍全球，唐装迅速流行。余莺是亚太经济合作组织会议各国元首所穿唐装的主要设计者之一，她说当初他们设计好服装后，大家一起讨论给这套服装起名，最后决定把这种服装命名为“唐装”。这主要是因为国外都称华人居住的地方为“唐人街”，那“唐人”穿的衣服自然就应该叫“唐装”。余莺说，所谓唐装应当是中式服装的通称。

无独有偶，2000 年香港导演王家卫的新片《花样年华》中，女主演张曼玉在片中从头到尾都着旗袍亮相，26 套旗袍的花色布料各有巧妙，有小碎花，有素面，还有小杠条纹。纤细合度的剪裁，令张曼玉匀称的身材显得更为玲珑有致，走起路来摇曳生姿。特别是王家卫从她的背部运用慢动作镜头，更展现出中国女性特有的美感，每次出现都艳惊四座，旗袍这种传统服装含蓄又带一丝诱惑的美感在戏中也被表现很唯美。电影《花样年华》将旗袍这种典型的中国服装集中地呈现在全世界面前，随着影片在全球的上映，旗袍热卷土重来。

旗袍

新秀水的风采

伴随着中国走向世界、融入世界，知识产权问题开始初露端倪。中国在加入全球市场经济并受惠于此的同时，也在学习遵守国际规则，保护知识产权。北京秀水街见证了这一历史过程。

俗话说，南有“襄阳路”，北有秀水街。秀水街长100多米，位于长安街以北、东大桥路以西的秀水东街上，紧邻使馆区。从1982年开始有人在此出售各种杂货、工艺品，逐渐形成规模。1985年，朝阳区政府组织成立了秀水市场，开始经营服装。早期的秀水市场最多的顾客是频繁更迭的使馆工作人员，他们在这里得到了物美价廉的服装和箱包，并把这样的声誉带到国外，一度被外国友人称为“小香港”、“小巴黎”。几年以后，

秀水街

它已是海外游客争相前往观摩购物的“民间贸易中心”。甚至有经济学家称之为“用改革开放的剪刀裁剪出来的21世纪的《清明上河图》”。

进入新世纪秀水曾因为售假问题严重、硬件设施简陋、存在重大消防安全隐患而黯然退出历史的舞台。直到2005年3月19日，新秀水街市场以全新的面貌闪亮登场，揭开秀水街历史中辉煌的新篇章。秀水街的嬗变，彰显了中国诚信、规则和决心，似乎意味着中国市场经济发展过程中一个新节点的到来。

多元选择

进入21世纪之后，人们已经不仅仅一味地追求新潮，品牌、品质和品位成为人们更为看重的地方。21世纪的着装规则已是无章可循，更加开放的暴露装、舒适的休闲装、甚至追求复古的唐装旗袍也越来越受到人们的追捧，中国已经进入到一个多元选择的时代。

上个世纪90年代末姑娘们还在吊带衫里矜持地穿上件圆领白色“老头儿衫”，到了2002年就已经大胆地将肩、胸、后背直接地袒露在外。露脐装、超短裙把原来遮住的地方都露出来，缩手装、大披肩把原来露着的又都遮起来。数九寒天，丝袜与高腰小皮靴依然是人们的最爱。人们对流行的理解已经不再是一味地跟风，而是要穿出自己的个性——最好是独一无二，因为服装已经成了个人魅力的最佳展现方式。如今，人们再也不会集体穿着一模一样的衣服了，如果发现居然有人穿了一件跟自己一模一样的衣服，则被称作“撞衫”，让人觉得非常尴尬。无论是以前选料子做服装，还是现在买成衣穿，适合自己才是最重要的。当今的复古是传统和时尚的高度结合。年轻人们都喜欢麻的、丝的、缎的中式衣服。他们追求的是一种真实，一种精致。

现在逛街买不到衣服只是看不到自己喜欢的，而以前是看好了买不起，买得起的却不喜欢。人们可以花上千元买件心仪的服装，也会花几十元买件T恤，穿多了职业装，可以换身休闲服，经典的黑白配太多了，可以试试色彩艳丽些的，不同风格、不同款式的衣服，总有一件是适合自己的。如今人们锻炼身体有运动服，上班有职业装，旅游有休闲服。在家时，很多人也讲究得穿上了睡衣、睡袍。至于脚上穿的鞋子花样更是层出不穷，价钱也从几十元到数百元、上千元不等。出门前精挑细选，不仅要好看，还讲究搭配、合体。

从中国制造到中国创造

“Made in China”，中国制造，已经不再是一个陌生的字眼。改革开放几十年来，中国所生产的产品遍布全世界，中国在国际上扮演着“世界工厂”的地位，很多国外的商品都会有“Made in China”的标签。甚至，美国人萨拉在《离开中国制造的一年》中发出这样的疑问：“如果没有中国产品，美国人还能否活下去？”

中国制造已经慢慢地渗入到世界各地的生活文化中，产生了不可估量的影响力。为了致富，中国人不得不大量地输出廉价劳动制作商品，而慢慢发展到今天，当世界各大奢侈品牌纷纷涌入中国，人们津津乐道于夏奈尔、迪奥、古驰、普拉达，并争相购买、互相攀比的同时，中国人恍然发现——中国没有一个能与之相抗衡的世界品牌。我们一直沉迷于制造，却忽略了创作。

“品牌”一词源于古挪威语，意为“打上烙印”，用以区分不同生产者的产品(包括劳务)。品牌是一种名称、名词、标记、符号或设计，或是它们的组合，其目的是识别某个销售者或某群销售者的产品或劳务，并使之同竞争对手的产品和劳务区别开来。品牌的特性价值正日益成为一种市场的统治力量，它以一种有形和无形的力量控制着消费者，控制着市场。

怎么实现从中国制造到中国创造，品牌升级是一个很重要的环节或者是一个升级的路径。品牌升级的核心点是什么？一个是自主，一个是创新。

目前，中国的很多品牌是抄袭起家，在设计上连抄带改，以节省创新的成本，最快获得高利润。长期下来，这些品牌很难形成自己的文化和特性，也就决定了其不可能成为世界性大品牌，中国需要培育创新的土壤和文化环境。

中国制造业更应该发扬中国文化的自信，把中国文化和生活理念融入到产品中，提高中国制造的附加值。2007 年法国爱马仕就首次在设计中融入中国元素，取材于中国汉代拓片图案开发出“天堂之马”限量版丝巾，为时尚界“舞一曲汉唐盛世”；而法拉利则推出一款青花瓷版跑车……越来越多的国外奢侈品，推出富有中国元素的产品。与此同时，中国制造业也不能被中国元素局限，设计师的灵感应该是来源于生活和自然。中国时尚界需要新的创作，新的角度，由此才能打动人心，让世界接受。

饮食篇

饮食，当代中国社会变迁的一个重要缩影，是一部色香味俱全的时尚历史。可以说，货物短缺、凭票供应的计划经济体制逐渐退出了中国的历史舞台，中国在市场经济体制下解决了百姓的温饱问题。同时，伴随着现代化的进程，中国人的饮食习惯也发生了变化。从1983年第一家中外合资的马克西姆西餐厅在北京开业开始，西餐逐渐被国人所接受并与中餐一起，出现在寻常百姓的生活中，而快餐的出现和大规模流行，则是快节奏的现代都市人生活的必然选择。最为重要的是，富裕起来的中国人开始重视生活的质量和生命的意义，绿色食品、合理膳食、告别垃圾食品成为当下中国人饮食的最新时尚。

食品革命

那时记忆

1983 年，第一家中外合资的马克西姆西餐厅在北京开业。

1993 年，北京市政府宣布取消粮票。

2007 年，中国方便面产量达到 498 亿包，占世界总产量的 1/2。

粮票退出历史舞台

说到粮票，上世纪 90 年代以后出生的人，恐怕已经不知其为何物。然而，这张小小的纸票，曾是老百姓须臾不可分离的“命根子”，它扮演了中国“票证时代”中最重要的角色。

粮票为 1955 年至 1993 年间在计划经济体制下，伴随粮食定量供应在流通领域粮食及粮食制品买卖的票证，是计划经济时代的一种购粮凭证。自 1953 年起，内地百姓须凭票购买粮食，直至 1993 年止。粮票的票面额一般是 1 市斤、3 市斤、5 市斤、10 市斤、1 市两和 2 市两。

粮票并不是专属“中国制造”的，最早在苏联十月革命后，为了稳定局势，就采取了计划分配商品的政策，发放了各种商品票证。而美国在二战时期也发放过各种商品票证，其中就含有粮票性质的票证。

新中国成立以来很长一段时间内，物资极其匮乏，粮食分配实行定量供应，政府发放了具有计划经济时代特色的各种票证，所有东西基本都要凭票供应：买米要粮票，买油要油票，买肉要肉票……那时候成年人每个月有半斤油票，许多家庭都省吃俭用，到年底用省下来的票买上几斤油，是一件非常有面子的年货。学生上学的时候，都要向老师登记粮食定量。按年龄、性别、身体状况确认每人每月的粮食分配量；此外，对于白糖、鸡蛋、牛奶、肥皂等其他生活必需品，都有明确的定量供应；至于一些贵重物品，如电器、自行车、手表更是一票难求。

粮票

只有方寸大小的粮票，看上去平淡无奇，其实它蕴藏了许多政治、经济、历史、文化和艺术的深厚内涵，容纳了绘画、地理、民俗、历史、度量衡等各门类知识。许多地方的粮票都很重视图案设计，采用多色印刷本地的名胜古迹、建设工程、风土人情。票面上还印有毛主席语录、农业机械、人物花鸟、火车轮船等图案，以及那些展现新中国丰收的田野、沸腾的矿山、繁忙的海港、茫茫的草原的感人场面。

这张小小的纸票能够在任何一家市场以及商店“买”到各种食品、水果蔬菜、日用百货、服装鞋帽、花鸟鱼虫甚至家居用品，还能起到支付费用的作用，堪称中国的“第二货币”。

90年代以后，粮食供求走向市场，全国各地开始进行放开粮价的改革，粮食供应变得充足了，粮票也被人们闲置起来。市场经济的时代到来，使得粮票变得愈发不合时宜，到了 1993 年 5 月，北京最后停止使用粮票，粮票彻底退出了中国的历史舞台。

随着时代的发展，粮票走出了家庭，却走进了收藏市场。粮票流通广，存世量也很大，因此全国通用粮票的收藏价值并不是很大，而一些发行量较少、比较有特色的军用粮票和早期发行的地方粮票受到了更多的青睐，比如粮食部、贸易部、粮食局发行的不同版面的军用粮票，还有海南省的"海南行政公署粮票"，连海南省的粮食局都没有存档。这些少见的粮票，在收藏市场上价值不菲，一般都在上百元甚至上千元。

这些折射出中国经济发展轨迹的小小票证，如今，成为收藏市场上一种热门的收藏品。当年，它走进家庭，开启了一个时代，而后，它走出家庭，又开启了另一个时代。小小票证，见证了中国经济的飞速发展历程。

第一家西餐厅——"马克西姆"

1983 年 9 月的一天，北京崇文门西大街 2 号热闹非凡，第一家中外合资的西餐厅在这里宣布正式开业，这家餐厅名字叫做马克西姆。餐厅内的装潢有浓郁的法国风情——枫栗树叶状的吊灯与壁灯散发出幽暗的光辉，映照着墙上的鎏金藤图案，墙上的装饰壁画以及四周的水晶玻璃镜、五彩缤纷的彩画玻璃窗，一派 18 世纪法国巴黎豪华宫殿的模样。

马克西姆西餐厅在中国开业的消息登上了中央电视台的《新闻联播》。它的主人，大名鼎鼎的时装大师皮尔・卡丹斥资几百万美元，将刚刚接手的餐厅大胆地空降到刚刚改革开放的中国北京，从装饰、口味到服务，都是纯正的法国风格。只是人均消费 200 元的价格让人望而却步，当时的中国人月收入不过是几十元，开业后的相当长一段时间里，顾客有 70% 都是

西餐厅

外国人，很多中国老百姓只是站在门口悄悄地观望。

某种程度上，皮尔·卡丹不仅传播了法国餐饮文化，更为重要的是，他让中国人见识了法国的饮食时尚。虽然西餐的价格贵得离谱，却发挥了相当大的广告作用。在此之前的中国，西餐文化甚是贫乏，西餐厅也是寥寥无几，在北京，只有“老莫”（莫斯科餐厅）、和平饭店、新侨饭店几家。马克西姆餐厅就此横空出世，以其高端的价格加上典雅的装潢风格，成功获得了不少人气：许多驻华使馆人员、外国元首、甚至中方领导以及各界名人，都选择光临此地，或与友人聚会，或独自喝上一杯。当时，去马克西姆吃饭，绝对是一种身份的象征。

马克西姆餐厅也是中国许多时尚艺术的萌发地。被称为“中国摇滚之父”

的崔健与马克西姆结缘最深。在这里，他第一次演唱那首一曲成名的《一无所有》。八九十年代，马克西姆餐厅曾是北京摇滚青年们的世外桃源。当时的总经理，也是如今号称“中国时尚教母”的宋怀桂总是免费请当时还默默无闻的崔健、程琳、艾敬来参加派对。餐厅中间的地毯掀开就是舞厅，音乐响起，“趴儿”（party，聚会的意思）便开始了。在这里，中国摇滚乐发出了最早的声音。

皮尔·卡丹本人，每年都要来马克西姆餐厅，他的时装发布会，常常会选择在这里举办。在他的影响下，20 世纪 80 年代，宋怀桂培训出中国第一批时装模特，当她带领 12 名中国模特走出国门，到法国巴黎参加表演的时候，中国开始接触西方时尚界并逐渐被接受。

马克西姆餐厅也带动了改革开放后中国西餐业的发展，一大批西餐厅如雨后春笋般地出现。萨拉伯尔、星期五餐厅等都在 1995 年相继开设，今天，你能在中国各地吃到正宗的法式鹅肝、英式沙拉、意大利通心粉、美式牛扒、俄式鱼子酱。

最初人们去西餐厅，不知道穿什么衣服，于是有人借来了笔挺的西装；面对着随面包一起送上来的牛油，人们端详了好一阵子，害羞不敢问服务员，于是经过讨论决定用白开水泡开喝下去。如今提起来，当事人还是会哈哈大笑。这样的情况现在已经很少出现了，自从 90 年代以后，各式各样的西餐厅遍布中国。西餐大众化，从刀叉的使用，到西餐上菜的顺序，再到西餐的配酒，越来越多的中国人都能完全掌握。

现如今的年轻人，周末会时不时去西餐厅吃一顿，牛排、鹅肝、鱼子酱，想吃什么就点什么，纠结的问题是去哪一家餐厅，选哪一套餐。还有更多人学会自制西餐，三明治、沙拉、牛排、意面，食材也是极其方便就能购买到。

西餐在中国经历了一场变革——从不被大众认可到被广泛接受。西餐厅不再是“价格高昂”的代名词，平民价格让工薪阶层也能消费得起；西餐的饮食文化也被中国人所理解和接受。在日益全球化的当代中国，西餐与中餐一起，成为百姓日常生活的一部分。

风靡一时的“新潮食品”

有一则笑话，说的是粮食之间打架，小米被挂面欺负了，回去向哥哥大米告状，大米一听火冒三丈，要去挂面家理论，结果路上看到了方便面，不由分说上去就是一顿狠揍，方便面鼻青脸肿地问：“你干吗打我？”大米怒气冲冲地说：“别以为你烫了头发我就不认识你了！”

这则关于方便面的笑话很短，但是方便面带给上个世纪七八十年代出生的人的回忆却是无穷的。如今遍布超市的方便面，曾经是那个时代最新潮的快餐之一。

方便面

方便面被认为是上个世纪日本最重要的发明之一，在我国的发展始于1970年，当时的年产量仅200吨。进入80年代，从国外引进了先进的生产线，使得生产能力迅速提升。便宜、好吃、方便、保存时间长，只需要加一杯开水就能填饱肚子。许多人出差喜欢带着方便面，因为它可以省下很多伙食费；学生在晚自习课后容易饿，方便面成了许多人学生时代最美味的选择。为此，还有人发明了不同的吃法：或在包装袋里压碎面饼，然后撒上调料包里的料粉干吃，不同量的料粉味道还不一样；或用开水泡上三五分钟，盖子一定是要用一本书压住，然后目光不离地期盼着三分钟赶紧到来，掀开盖子的一刻口水都要流下来了。这袋小小的干面饼，几乎满足了所有人对食物最简单的要求，也带给人最充实的幸福感。

当生活节奏加速、生活水平提高以后，尤其是市场上出现了其他速食品、快餐店，方便面失去了原来最主流的地位，然而，它仍然占据着方便食品的半壁江山。现今，方便面的制作工艺有了很大进步，从油炸方便面，到非油炸、杂粮、玉米、粉丝，保证人们的健康成了新的关注点；从袋装，到盒装、碗装、杯装，也变得更加方便快捷。

虽然方便面不再稀奇，但钟爱过它的人们依旧对它保持着热情，许多喜爱美食的人甚至发明出了许多新鲜的方便面吃法：家常炒面、什锦拉面、沙拉面、凉拌面、方便馄饨面等，飘出的香味，似乎将人们又带回拥有美好记忆的时代里。

一位主持人曾经在他主持的节目中提到过一种流行于七八十年代的营养冲剂——麦乳精，勾起了许多人对儿时的回忆。金黄色或者是乳白色的颗粒，用水冲开，口口香甜，意犹未尽；小孩子喜欢用勺舀上一大口，让颗粒在嘴里慢慢融化，感受浓浓的甜蜜，这样的干食最是过瘾……

其实，早在20世纪30年代，麦乳精就已经诞生，它的配方原料很简单：

可可粉、麦精、奶油、奶粉、炼乳、鸡蛋、葡萄糖、饴糖和砂糖等。这种有浓郁奶香的速溶饮料，作为曾经的奢侈品，走亲访友必不可少，大人们往往舍不得喝，而孩子成了最直接的受用者。一直到80年代，它还是被作为一种很难得的礼品。

营养丰富、冲饮便利、浓香诱人，在七八十年代迅速走红，给许多人留下了深刻而难忘的记忆。有多少人在孩提时代，趁着大人不在家，经常偷偷爬到高高的凳子上，踮着脚从柜子里拿出那盒觊觎已久的麦乳精，迫不及待地打开金属盖，迅速舀上一勺，不用开水冲，而是直接把麦乳精颗粒放进嘴里，然后咂着舌头回味那股甜甜的奶香味。

还有很多当年的“新潮小食品”，比如爆米花、搅糖稀、棉花糖，还有几毛钱一袋的酸梅粉、无花果、果丹皮、羊肝羹等，都是许多70后80后的美好童年回忆。当年那些让人流着口水挂念着的经典零食，一直都有一种挥之不去的童年味道。

“中西混搭”风

那时记忆

1987 年，中国第一家肯德基餐厅在北京前门开业。

2001 年，中国餐饮百强企业中，中式快餐企业入围 12 家。

2006 年，“厉家菜”在上海开设分店，并在世博会期间作为专门接待外国元首的餐馆之一。

无国界料理

自改革开放以来，西餐厅林立，西式快餐遍布全国，而西方的饮食在逐步进入到中国人餐桌的同时也入乡随俗，同中餐相结合，至今这种现象已经形成了一种潮流，甚至是一种特殊的饮食文化。

这种“中菜西做”或“西菜中做”风格的“无国界料理”，巧妙地将中西方的食材或烹饪方法加以融合并运用到实践中。在中国最著名的美食城市广州，有一家有名的“无国界料理”饭店，可谓是这种新派菜式的最佳典范。许多不知情的食客可能以为“无国界”的只是菜式，而这里的店面装修也具有浓郁的“无国界”风格。放眼望去，有中国园林传统风格的鲤鱼池，也有东南亚风情的藤椅和风味十足的日式吊灯，还有欧陆范儿的格子桌布，让人不知自己究竟身处什么风味的餐厅，究竟要吃什么样的菜，

无国界料理

这种视觉刺激足以让人对即将出场的主角“无国界料理”充满期待。

翻开菜谱，细看菜名就更让人不觉兴奋：椰汁娃娃菜、苹果烩猪柳卷、酸姜清瓜神户牛肉……都是不同国家、多种菜系的食材与口味的混合搭配，令人意想不到，而许多食客吃过后都评价“无国界料理”吃的不仅仅是美味与期待，更多的是新奇和意外。

2008年北京奥运会也刮起了一股炫彩夺目的“中西混搭”风潮。在欢迎出席北京奥运会开幕式的五大洲贵宾的宴会上，“中西混搭”风格的菜肴可谓是处处皆是：冷菜——宫灯拼盘，包括水晶虾、腐皮鱼卷、鹅肝批、葱油盖菜和千层豆腐糕；汤——瓜盅松茸汤；三道热菜——荷香牛排、鸟巢鲜蔬、酱汁鳕鱼；餐后甜品——点心和水果冰淇淋；酒——长城干红和长城干白；附加小点——北京烤鸭。这“三菜一汤”里，既有传统的中国美食，也有西餐的经典菜肴，比如“鸟巢鲜蔬”这道菜，是人民大会堂为迎接奥运会开幕专门设计的独特菜式，既美味，同时又契合了奥运主题；又比如“荷香牛排”和“酱汁鳕鱼”两道菜，牛排和鳕鱼是西餐中最常用的两种肉类，东西方的人都可以普遍接受；用独特的中式手法烹饪出的西方食材，这种“中式西餐”的搭配独特出众，给人留下难忘的印象。

鸟巢鲜蔬

无独有偶，一道名为“烤排骨”的菜在奥运村也很受欢迎，它的做法很简单：将两根直排裁成若干方块，用花生酱腌一下，在烤箱里烤熟后淋上酱汁即可。这道菜中西混搭，风味独特，既符合中国人的口味，又不乏西餐的风情。

目前在全国各地如雨后春笋般纷纷成立了不少“中西混搭”风格的饭店，他们或在精致的法式牛排上淋上有着浓郁的中国特色的酱汁，或让来自国外的果蔬在火热的炒勺中翻飞起舞。有的饭店还学着国外饭店的透明化厨房，这一边厨师认真迅速地完成每一道精品，另一边食客也在目睹了整个烹饪过程后大呼饱了眼福，从而更加急切地想要品尝桌上的菜肴。

如今，逐渐流传开来的“中西混搭”风格，具有营养好、口感好、出品漂亮、档次高的特点，虽然价格有点贵，却还是被越来越多的人认可。这也告诉了人们，用西餐手法处理中式原料，或者用东方手法精细料理西方食材，已经成为一种新的饮食风尚。

私家菜掀起“复古潮”

私密的地点、配料甚至菜式，私人化的服务；家居化的装潢，有种去别人家做客的感觉；极为拿手的镇店菜式，需要提前订席——这就是私家菜，曾在晚清和民国时期最为盛行的独特“菜系”。

私家菜不属于八大菜系中的任何一种，它源于官府菜，是旧时显赫官宦人家的独家菜品。许多著名的私家菜，都是一些曾经奢华成风、精于美食的家族开发出来的。随着时间的流逝，许多私家菜随着主人家的没落，以及后期战争不断，食客散去，加之物价飞涨，很多私家菜所需要的原料更是无处可寻，于是只能渐渐沉入历史的海洋中。随着人们追求时尚、品位和身份的潮流趋势，私家菜又重新找到了发展的契机。私家菜的独特味道和传奇的身世，吸引了无数追求新鲜口味的食客。

私家菜最为风行时，应属于晚清和民国时期，形成了几大有财力也有

谭家菜

精力去开发自家私家菜的家族。旧时的官宦子弟，个个精于美食珍馐，而且大多家私厚重。他们相互往来，宴请附和，虽然国事没落，但是依然奢华成风。这就形成了许多著名的私家菜。其中“谭家菜”是中国最著名的私家菜之一，它是清末官僚谭宗浚的家传筵席。从清末到今天，谭家菜经历了一个多世纪的时间，虽经过由官府到民间的角色转换，但仍保持着它

的固有特色。由于谭家菜以燕、翅、鲍等高档原料为主料，所以不可能在平民阶层流行，才得以保存其原有特色。时至今日，谭家菜已经成为商务宴请的首选，因为品谭家菜已不仅是美食和口味的问题，而是代表着荣耀和高贵。在北京饭店的七楼，就独家经营着谭家菜。

位于北京羊房胡同11号的“厉家菜”算是私家菜中杰出的代表。小小的四合院里，最初每天对外只做一桌菜，只供十来个人吃。后来另辟一个偏房，加了两小桌，但一晚上也最多够二十个人吃。“厉家菜”之所以出名，有两个原因：第一，它接待过许多名人政要，如比尔·盖茨、石油大亨洛克菲勒、英国前首相梅杰，还有很多港台名人如成龙、周星驰、金庸等，美国前总统克林顿访华的前几个月定了席，因为其他事未能去成，还表示非常遗憾。厉家菜的第二个出名的原因，是要提前几个月预订位子，而且食客不能点菜，只能吃主人家做的“套席”，且只有晚餐。

类似“厉家菜”这样的私家菜馆还有不少。现如今，私家菜在中国饮食界掀起了新一轮高潮，它那特别的家的味道和传奇的身世，吸引了无数对寻常口味餐厅厌烦的食客，可谓是迎来了复兴的曙光。在上世纪末本世纪初，私家菜首先在香港兴起，当时就有许多介绍美食的书籍。此后，私家菜开始在港澳广东一带流行起来的时候，利用了不做广告、没有菜单、菜肴全凭大厨自行搭配、通常只接受电话预约的特点，牢牢地吸引住了食客们的注意力。

后来在北京、上海、成都、武汉、深圳等地，私家菜也开始慢慢流传起来，现如今比较有名气的当地的私家菜馆，都占据着当地餐饮业中高档市场的前几把交椅。

私家菜既秉承了传统文化，又融进了现代社会的风味，它们价格昂贵、食材稀缺、制法绝密的特点，也成为一种当今显示食客身份和品位的象征。

快餐潮席卷而来

肯德基是来自美国的著名连锁快餐厅，由哈兰·山德士上校于 1952 年创建。麦当劳餐厅是大型的连锁快餐集团，在世界上大约拥有三万间分店，主要售卖汉堡包、薯条、炸鸡、汽水、沙拉等。麦当劳餐厅遍布在全世界五大洲百余个国家。

必胜客是全球最大的比萨专卖连锁企业之一，遍布世界各地一百多个国家，每天接待超过 400 万位顾客，烤制 170 多万个比萨饼。

正是以上这些正宗的西式快餐，从改革开放之初至今，一直在中国快餐业的发展和变迁中占有重要位置。从最初的全面占领市场，到现如今同中式快餐分执牛耳。

1987 年北京第一家肯德基开店时，天降大雪，前门大街上的三层小楼灯火通明，虽然气温很低，但是肯德基里的气氛却火热到爆棚。有人在雪中排队两个小时，只为了尝尝原味鸡、鸡汁土豆泥、菜丝沙拉和面包的味道；还有许多小孩子带走了食物的包装盒，向其他小朋友炫耀。很快，满头白发和留着山羊胡子的山德士上校，凭借着当时从未有过的美味炸鸡，迅速打开了中国的快餐市场。

肯德基的成功让其他洋快餐也跃跃欲试起来，很快，1990 年必胜客在北京开设第一家店，1992 年，北京王府井出现了当时世界面积最大的麦当劳餐厅，日交易人次超过一万人。随后的几年间，洋快餐得到了迅猛发展，很多品牌在中国的分店迅速超过千家。洋快餐红极一时，甚至有新人选择在肯德基的餐厅举办婚礼。

当青少年开始以吃肯德基表达自己紧跟时尚潮流时，中式快餐也渐渐走进大众的视线。

莎士比亚的名著《哈姆雷特》曾提出疑问：生存还是死亡？这是个关于人生和哲学的选择性问题。对于早些年前那些需要快速解决餐饭的人们来说，这倒不存在选择，洋快餐是唯一的答案，或者说选择只能是“肯德基还是麦当劳或是必胜客”。现如今人们开始考虑“吃汉堡还是来一屉生煎？”“是来一块比萨饼还是一张煎饼？”

中式快餐是中餐效仿洋快餐的一种本土化形式，为了适应越来越快的生活节奏，许多本土餐食改进自己的形式，结合方便、快捷的特点，形成了全新的中式快餐。

有名的“中式快餐”包括扬州炒饭、北京炸酱面、桂林米粉、山东煎饼、云南米线、四川麻辣烫、上海小笼包、清真烧麦等。最近有一则关于中式快餐的新闻很是吸引人的眼球：2011 年 8 月，美国副总统拜登访华，在活动间隙特意来到极富老北京特色的鼓楼旁边的小吃店，品尝了地道的京味

小笼包

食品，其中，让他赞不绝口的便是老北京炸酱面。

中式快餐能够将市场份额从洋快餐手中夺回，很大程度上是赢在了早餐上。中式快餐的优势就是最传统的价格，几元钱就能买到豆浆油条或者煎蛋肉饼，洋快餐需要十几元甚至几十元；不仅早餐如此，对于正餐来说，一盒饭加几样菜至多需要十几二十几元钱，到了洋快餐店，动辄就要几十元。

很多忙碌在都市生活中的人，往往不再单一选择汉堡、鸡块充饥，炒饭、面条、米线或者包子的点击率越来越高，正如一位网友说："现在我们需要的不再是比萨饼，而是山东煎饼。"

AA 制下的饕餮盛宴

传说自助餐是中世纪北欧的海盗们的发明，每次航海归来，将抢来的战利品摆在长长的桌子上面，每个人都去挑选自己喜欢的食物，三三两两聊天，一醉方休。

如今，自助餐已经演进为一种非常有魅力的就餐形式，长长的餐桌上各种美食调动着所有食客的主观能动性，自己动手，选择喜爱的食品。

最早在中国出现的自助餐，是在 20 世纪 30 年代外国人在中国开的大饭店里，而它真正与中国的老百姓接触，是在 20 世纪 80 年代后期。随着对外开放脚步的加快，自助餐被推广到大众化的餐饮市场。这种形式多样、菜式丰富、营养全面、价格相对低廉、用餐简便的就餐方式，深受广大食客喜爱，尤其受青年、儿童的青睐。

自助餐的食物琳琅满目，大体包括冷菜、汤、热菜、点心、甜品、水果以及酒水。有时，还会添加很多具有当地特色的食物，比如山珍，或者海味，可供选择的菜品非常丰富。

一般来说，循序取菜、量力而行是食用自助餐的两大原则。排队能够体现就餐者良好的素质，蜂拥而上只会让场面越来越乱；而多次少取则更能表现出就餐者不浪费食物的态度，喜欢的食物少取一些，吃完如果还想要，就再次起身去取，这样的做法既节约不浪费，又能让人们在不断往胃里填东西的同时，起身活动活动，为下一轮的“战斗”奠定基础。

自助餐成了一种时尚，因为它可以省略掉点菜、布菜的麻烦环节，直奔主题，食品美味可口，量多量少自己决定；自助餐对于年轻人来说更是一种乐趣，从搜集网上的各种“攻略”，挑选餐厅，到制定“先吃什么后吃什么、少吃什么多吃什么”的“战略”，再到吃饭之前各种活动运动，让胃变得更空，容积更大，只是为了能够在有限的空间和时间里达到最经济最有效的结果。

自助餐的餐厅一般都是开放式的空间，因此单人是不适合去吃自助餐的，因为要离开座位去取餐，难免会有一些不方便；而正在致力于减肥节食的人也不适合，因为自助餐厅那种火热的氛围会轻易击垮人紧绷的食欲防线；至于朋友聚会，则是最合适不过，朋友间毫不忌讳挑选钟爱食物，也不用担心会不会影响到他人口味，互相探讨关于“吃回本”的技巧，也能够融洽气氛，促进感情，至于价格，更是不伤和气，自助餐厅的收费总是善解人意的标明每位收费多少元，大大符合了如今 AA 制的生活潮流。

从吃粗粮到吃细粮，又从细粮到多样选择。人们面对的是一个越来越丰富、越来越多元的饮食趋势：中餐向西餐学习，西餐又将中华美食吸收进来；历久弥新的私家菜，提升着食客的品位；快餐、自助餐则彰显着现代人生活的节奏和方式……现如今吃的内容和形式变得繁多，再也不是当年眼中只有的大米白面。这些变化，均来自于人民生活水平的提高，行业竞争的加速，人们生活富足，思考的是更高一层的追求；竞争推动了整个餐饮业的发展，淘汰掉落伍者，留下了市场经济中的精英和佼佼者。

餐桌上的“道”

那时记忆

1990 年，中国农业部正式规定了绿色食品的名称 、标准及标志。

2005 年，肯德基惊爆“苏丹红事件”。

2005 年，世界卫生组织公布十大垃圾食品。

“富贵病”的出现

随着生活水平越来越高，食品安全和营养问题也逐渐变得被人重视起来。尤其是食品供应充足以后，越来越多的人开始修正自己的饮食观念。如今不怕吃不饱、吃不好，而是更关心自己吃得是否合理、是否健康——“三无”的街边小摊虽然看上去诱人，但是尽量不去尝试；鸡鸭鱼肉不能吃太多，因为脂肪含量高；买菜不需要一次性买很多，放久了会不新鲜，而超市则天天都卖新鲜的；买蔬菜水果要注意，尽量不买“反季节水果”“转基因蔬菜”……

更多的人开始害怕自己得“富贵病”，宁愿选择吃五谷杂粮也不要吃大米白面；对于许多“洋快餐”提供的炸薯条、炸鸡翅，不少人也以“垃圾食品”为由减少对它们的摄入，追求更多的健康食品。

“富贵病”是一种进入现代文明社会才有的病。简言之，就是有些人吃得精，营养过剩，活动量少，从而产生了一些诸如便秘、肥胖、肠道癌、高血脂、动脉硬化、冠心病、糖尿病等。

“富贵病”在经历过饥荒年代的人看来简直不可思议，吃饭竟然会得病。然而，这已经需要引起全社会的重视了——大约 2 亿中国人超重、6000 多万人因为肥胖问题而就医，19% 的中国人患有高血压，2000 万人患有糖尿病，更可怕的是，1.6 亿人被诊断有高血脂。

现实生活中的“小胖墩”、“大肥头”越来越多，不仅成人深受“富贵病”的困扰，就连孩子们也陷入肥胖、高血压的泥潭之中。在他们长身体的阶段，挑食、偏食、暴饮暴食，这些不良的饮食习惯都严重破坏了他们的身心健康。

除了“富贵病”，还有很多人患上“营养不足”的病症。听上去很奇怪，在物质生活极大丰富的今天，竟然还有人得那种在饥饿年代才会流行的病症。其实，营养不足，除了自身的因素以外，大部分都是由于体内缺乏必要的营养素。而这在今天看来，完全要归结于个人摄取营养的方式问题。许多人只喜欢吃一种菜，长此以往，人体需要的其他种类的营养元素就变得十分缺乏，因此，常常导致人们的营养不足，促使人体的各项功能和指标都下降，免疫力降低，极其容易患上一些其他疾病。

面对如此可怕的现状，需要解决的其实并不仅仅是人们吃的东西，而是对于饮食的态度，或者说，是生活方式需要改变。吃饭的时候不仅要注意荤素搭配，还要适量进食，不能“大开吃戒”。民间的生活谚语“七分饱”“八分饱”，还有“饭前喝汤，苗条健康”，都是不无道理的。还有人采访一些长寿的老人，得到的结论是：“腰围越长，寿命越短。”看来，肥胖能够带来更多可怕的疾病。

此外，采用合理的饮食结构，注重对各种营养元素的吸收，多样化饮食，保持各种元素的均衡。在生活中，还要注意消耗一定的能量，适当的运动、

有毒食品添加剂漫画

戒掉烟酒和不良生活习惯，可怕的“富贵病”是完全可以被人们拒之门外的。

食品安全是近来社会的热点问题，从2000年开始，中国不断爆出食品安全隐患的事件和新闻报道，毒瓜子、瘦肉精、苏丹红、三聚氰胺奶粉、地沟油……种种令人心惊肉跳的食品问题，让人不禁发出感慨：“如今吃什么还是安全的？”

随着各项有关法律法规的出台，以及制度的完善，食品安全问题在得到缓解。对于普通老百姓，食品安全问题没有那么宏观，往往就在身边。除了食物生产的污染、添加剂是我们无法掌握的，可以从自身角度进行预防——首先，食物多样化，不总吃同一样菜，比如担心白菜有农药残留，就不要天天吃白菜，可以两周、十天吃一次；其次，掌握必要的食品安全常识，如何去除农药残留、生熟食品分开、冰箱冷冻食品取出来要彻底加热等。健康的饮食并不是“这也不能吃，那也不能吃”，人们一样可以享受美食，重点要把握总量控制、平衡膳食、合理搭配、适当消耗等几个基本原则。

五行与食疗

相信很多朋友都听说过“道”这个字，在中国传统文化中，“道”是一种看起来很玄妙的东西，它周围始终围绕着神秘的气息，它可以被理解为一种哲学,也可以被看做是一种处世方法,在佛学中它更是一种佛学真理。那餐桌上的“道”又是指什么呢,我们共同看下面几个小故事,也许通过它们,您能对这里的“道”有一定的了解。

隆冬时节,家住在东北的李先生身边的许多同事都因为受风寒而感冒,他每天都用可乐煮一大碗鲜姜片喝下,加上平时注意穿衣御寒,顺利地度过了风寒感冒的高发期。

姜属于辛温食物,能发汗解表、祛风散寒。食用姜可以起到排汗降温、驱走体内寒气的作用,而在民间更是流传有“冬吃萝卜夏吃姜,不用医生开处方”的谚语。所以当遭遇风吹雨淋、风寒侵袭时,及时喝一碗热乎乎的姜汤,对于驱寒保暖都有不错的效果。而用可乐煮鲜姜片,可以说是一种“中西结合”的产物,可乐味道甜,用它来掩盖热姜汤的辛辣味道,是让人更容易接纳姜味的好办法。

在这里,李先生所依托的就是中医的食疗方法,用食物姜来补充自己的气血,使自己免于风寒感冒。

再举一个小小的例子,从事策划活动工作的郭女士最近经常熬夜加班,本来就体质虚弱的她由于经常熬夜,面色蜡黄,手脚冰冷,关节疼痛,去看了医生,医生告诉她由于过度疲劳,导致肾脏器官功能紊乱,建议她尽量保持正常休息。另外,平时在煮粥或者是蒸米饭的时候放上一把黑豆,多食黑木耳。郭女士按照医嘱坚持了一周的“黑色疗法”,果然因为肾虚而引起的各种症状缓解了不少。这个简单的例子其实蕴含了中医的五行饮食学说。

中医依据人与自然的关系,把木、火、土、金、水比喻为人的五脏,认为肝主木,心主火,脾主土,肺主金,肾主水。根据“木生火、火生土、土生金、金生水、水生木”的相生学说和“金克木、木克土、土克水、水克火、火克金”的相克学说，依着五行关系来算，发展出五行与五味以及季节的相互关联，以及“五色”学说，即食物的颜色、味道以及季节的变换都跟五行有关，如下图所示：

五行	火	木	土	金	水
五脏	心	肝	脾	肺	肾
五色	红	绿	黄	白	黑
五味	苦	酸	甜	辣	咸
五时	夏	春	长夏	秋	冬

注：图表中的“长夏”是中医学的概念，古人用五行配四季，所以想出长夏来弥补，在夏之后有一个长夏，是指在春夏秋冬换季的最后 18 天。

如此一来，我们就不难看出，医生嘱咐郭女士多食黑豆和木耳，正是由于肾脏器官属于水这个元素，而在五行中水对应着黑色，根据“以色补色”的道理，为了补充肾脏的能量，修复肾脏的功能，多食用代表水元素的黑色食物，除了黑豆和木耳，香菇、黑枣、黑芝麻、海带、紫菜、乌骨鸡也

五行图

都是不错的选择，这种饮食疗法是非常有道理和内涵的。

神秘的五行学说并不神秘，它是中国古代劳动人民通过朴素的哲学思想提炼出的中医理论，并加以运用到饮食中来，帮助人们更透彻地认识自己的身体健康状况。这种古老而玄妙的五行学说，如今越来越流行。餐桌上的饭菜都已不是单纯用来饱腹的食物，掌握正确的食用方法，不仅能调理内部分泌和器官的发展平衡，还可以利用相生相克的原理，达到美体修形的效果。这种能让人达到健康、养生的餐桌上的“道”，正在成为一种时尚，更是一种“食尚”。

另一种很流行的食物疗法是“以形补形”、“以色补色”，比如骨折后的患者多喝骨汤，有助于骨骼的恢复生长；经常用脑的人食用核桃，可以提神健脑。

选用食物疗法，除了食物的性能外，还要注意人本身的特性和体质。体寒阳虚的人不宜食寒、凉性的食物，因为它们多有滋阴、清热、泻火、凉血、解毒作用，将本身就没有多少的热气散去，对身体反而不利。

每一种食物都有自己的功用与味道。杂食时讲究相宜，食物的性味与五脏要相宜，食物之间也要相互搭配和谐。搭配不当，可能起不到滋养补益脏腑的作用，甚至还有相克相反的有害作用。

食疗在我国有着悠久的历史，自古就有“医食同源”“药食同宗”的说法，合理的膳食搭配，不仅满足了人们的饮食欲望，也在不知不觉中达到了预防和治疗疾病的目的。

告别“垃圾食品”

自从“洋快餐”被曝出重复用油、食品原料加入激素等丑闻后，许多人开始重新打量起“洋快餐”这个一直在饮食中占据主流地位的“外来客”。

90年代刚刚引进的“洋快餐”一度成为许多人正餐的不二选择，而忽视了“快餐”的本质。作为正餐来说，这些仅仅提供热量，并无其他营养素的食物，很容易超过人体需要，变成多余成分，时间久了，会使人患上不同程度的病症。

从“洋快餐”出发，人们渐渐开始对“垃圾食品”这个概念有了清晰的认识，不光是快餐，还有许多平时视为零食的食物，都被包括进了世界卫生组织公布的十大垃圾食品名单：油炸类、腌制类、加工类、饼干类、汽水可乐类、方便类、罐头类、话梅蜜饯果脯类、冷冻甜品类、烧烤类。这些“垃圾食品”都是大部分人平时爱吃的食物，而就在这些美味的背后，隐藏着致癌物、心血管疾病、高血压、糖尿病甚至肥胖症的元凶。不仅如此，最近，还有科学家称，经常吃垃圾食品，还会使人的性格变得暴躁，因为摄入的成分缺乏营养，大脑会失去灵活性，注意力不集中，自制力受到损伤，解决问题的时候，喜欢用简单粗暴的方式。

“垃圾食品”也对青少年有很大危害。很多垃圾食品摄入过量都能造成成长不良，或过早发育，或停止身体生长，一些高脂食品还能损害神经系统，对大脑造成永久性的伤害。

飘香的烧烤、别有风味的卤味制品、各色各味的香肠，还有夏天经常塞满整整一冰箱的冰淇淋、雪糕、冰棍，看上去生活中垃圾食品无处不在。绝对一点垃圾食品都不吃似乎是一件不可能的事情，但是尽量避免多吃这类食品，则是可以做到的。而且，替代这些食品的食物也有很多，比如世界卫生组织公布的最佳食品：木瓜、草莓、橘子、西瓜、红薯、芦笋、卷心菜、花椰菜、芹菜、茄子、甜菜、胡萝卜、大白菜、金针菇、鹅肉、鸭肉、鸡肉、新鲜的鱼虾等，只要是新鲜的且经过健康方式加工的蔬菜、水果、肉类和主食，都可以替代上述垃圾食品。

文化篇

文化是一个时代的精神底蕴，时尚文化更是体现社会的人文面貌。国学热使得人们茶余饭后的谈资不再仅是家长里短，而是古圣先贤和经典名著，国学热也成为最流行的睿智时尚；作为心灵的笔锋，文学作品反映了不同时期年轻人追求自由、思考社会的成果，也是时尚精神的展现；酷词源于时尚生活，使人们的交流更加方便生动；外国人学汉语不仅仅是一种现象更成为一种时尚；作为指示时尚的路标、创造时尚的先锋，时尚杂志，告诉你什么最时尚。时尚文化充实人们的时尚生活，同时也创造了时尚生活。

睿智时尚：国学热

那时记忆

2001年7月，中央电视台第十套开播讲座栏目《百家讲坛》。

2003年11月，中国国学院在南京成立。

2007年9月，祭孔大典在山东曲阜举行。

时下中国最睿智的时尚便是人们热衷于国学。国学这一传统文化何以成为一种时尚？民族情结的复苏，物质生活的充裕使中国人越来越多地注重生活情趣和品位的提升，中国人的生活目标不再是“三十亩地一头牛”的温饱生活，而是更有品位更精致的生活。国学带给人们的不仅仅是有品位更精致的生活，它还是中国人的一种精神归宿，它更符合了时下回归传统的时尚潮流，人们不光在时装等穿戴上追求中国元素，在艺术上回归自然，在文化上也越来越注重传统。传统文化在经历了一次次冲击之后，人们在生活水平提升之后发现了自己精神生活的彷徨，尤其在西方文化融入之后，本来的茫然变得更加不知所措，国学却使中国人的心灵得到了慰藉。

中国人的睿智在中国漫长的历史中得到淋漓尽致地体现，以儒家为代表的中国传统文化，已经成为中国的国学，因为中国人的道德、思维、政治、礼仪、日常生活都受此影响。

“仁”“礼”国学

国学一词，开始于清末之际，对于西方传入的学术文化，中国冠之以“新学”、“西学”之名，而与之对应的中国传统文化，则用国学一词予以区别。

国学是一个内容非常丰富的文化体系，包含了中国几千年以来的文化，并随着社会的发展，其内涵也不断扩展。当前，对于国学，虽然还没有达成一个见解一致的严格定义，但是用下面这个概念来描述国学可以说还比较恰当：所谓国学，从广义上看，是涵盖历史、文学、美学、音乐、哲学、宗教学、伦理学、礼俗学等各个领域的传统文化体系；而从狭义上看，国学则是指占据中国文化主导地位的儒家文化及其价值取向。

孔子思想最核心的内容是“仁”和“礼”。他主张用道德和礼仪来治理国家，教化和约束人民，打破贵族与平民之间的界限，体现了人道主义的精神，又包含了制度的强制力。这是建立文明社会的基本要求，而孔子的这种思想也被中国历代的帝王奉行。孔子注重道义轻视钱财，这不仅仅是一种经济思想也是一种社会道德规范，他要求人们在钱财面前应该把持住人性的正义，反对一味地追求功利，才能最终获得财富。人如果只追求自己的利益会引起整个社会的怨恨造成混乱，对于钱财要采用正当的获取手段，不能见利忘义。孔子主张要让百姓富足，减轻生活负担，他充分地体会到人民对于国家的重要性。孔子察觉到科学技术的重要性，他很重视教育，主张有教无类，对于学生要因材施教，注重培养学生的综合素质和学习能力。

国学作为传统文化的一部分，不仅仅限于儒家文化，还包含了各种思想和观念，诸如道家、法家、墨家等诸子百家文化甚至佛教文化，而且儒家文化在之后的发展过程中吸收百家之长，国学的复兴应该更加尊重和体现中华文明的所有积极方面。

鸦片战争以来，中国国际地位发生了根本性的变化，中华帝国在西方世界的枪炮之下变得不堪一击。这给一直充满优越感的中国人心理上造成了巨大打击。国人反思历史时把更多的愤怒加给了中国的传统文化，以致多年来对传统文化的批判不断，从新文化运动到文化大革命再到改革开放初期，这使得以儒家文化为代表的中国传统文化受到了前所未有地打击与破坏。

改革开放以来中国将工作重心转移到经济建设上，中国的综合实力和国际地位得到前所未有的提高。但是就在这一经济转型之时，人们的价值取向在某种意义上出现了问题，更多的是对物质利益的追求，而忽略道德素质和人文修养，故而导致了人们的道德素质的大滑坡。社会上出现了拜金主义、享乐主义、极端个人主义盛行的情况，而这些不仅危害着社会，更是对下一代人的教育起到了消极负面的作用。更为严峻的是，在经济开放的同时，大量的西方思潮也如泉涌般进入中国，异质的文化给国人眼前一亮的感觉，立刻许多人开始盲目跟风，中国的传统文化遭到严重的抛弃。对于与经济和国家实力相匹配的文化的需要越来越迫切，国人也越发看到中国传统文化的独特和魅力，国学中的有益思想和民族精神越来越被重视。

许多国外的汉学家们打出了捍卫中国传统文化的旗帜，并逐渐形成了汉学界，这为研究和推广中国传统文化起到了一定的推动作用。中国传统文化中的仁、义、礼、智、信以及温、良、恭、俭、让等思想对于规范当下人的道德行为有着积极有效的作用，而且传统文化特别是明清时期的经世致用的思想对于现在的中国也有着指导作用，虽然中国已经成为一个政治经济大国，但是中国在文化上的影响力并没有与政治经济相匹配，构建国家的软权力，文化实力是不可或缺的，中国传统文化的缺失，造成了中国在这一方面煞是薄弱，国家对于发展中国传统文化的态度也变得极为积极。这就为国学的兴起和盛行提供了一个契机。

国学热

中国国内的高等院校纷纷成立关于国学和中国传统文化的研究和教育机构，中国人民大学国学院、清华大学思想文化研究所、中国社会科学院儒教研究中心等，与此同时，历史学教学也比之前有了明显改观，报考的学生越来越多。甚至在国外，东亚、东南亚以及一些欧美国家都有相当规模的中国学研究机构。

2002 年 4 月，“安定门国学馆”正式在北京孔庙开馆，馆名由著名国学大师张岱年题写；该年 9 月，济南市大明湖路小学将国学编为 12 册校本

国学热

课程教材，开始在小学生之中进行传统文化教育；2004年，文化高峰论坛在北京举行，同时发表了《甲申文化宣言》；同年7月，教育部宣布在海外成立100所孔子学院；2005年9月28日，全球祭孔活动在世界各地联合进行；10月9日，中国人民大学国学院正式成立；11月19日，北大哲学系“乾元国学教室”开课；2006年，《光明日报》专门设置《国学》专版，以促进国学的研究和传播；3月，北京国学大讲堂正式开坛讲学；4—5月，国学网和中国人民大学国学院联合主办了“我心目中的国学大师评选”活动；而且每年暑假都会举行以国学为主题的夏令营。此外，中央电视台主办的《百家讲坛》也开始大谈国学，通俗易懂的解读使得国学在普通民众中也容易得到接受，国学开始全面在中国盛行。

除此之外，出版社和网络也出现很多国学板块。《光明日报》开设了国学版，百度搜索引擎开设了“国学频道”，新浪网利用时下最流行的博客手段支持国学开设乾元国学博客等。中国的学校也开始加设国学课程，中小学课程不仅增加了很多中华文明的元素还增加了古文诗词和散文的内容。在大学甚至将语文和中国历史也列为公共必修课程。这不仅说明国学在中国的复兴，更说明中国人迫切希望传承和发扬中国传统文化的热情。

百家讲坛

2001年在中央电视台第十套科教频道开播的讲座式栏目——《百家讲坛》，应中国社会的需要，着力为人们构建时代常识，启迪智慧人生。节目宗旨是汇集百家学养，追慕大师风范，平和开放的胸襟，通向大众的桥梁。选择观众最感兴趣的前沿话题，选择中国大学的通选课及选修课，各知名大学的专题讲座和主题讲座，以及中国历朝故事和著名人物，讲座者多是中国著名学者和各界名流。这使得中国大学走进了千家万户，将中国文化

百家讲坛

和中国历史在社会上普及，内容涉及历史、文化、经济、社交等很多领域。真正做到了学术创新，思想自由，雅俗共赏，观众在讲座嘉宾极具个性的语言中便能学到很多知识。

以前学者的学识多在象牙塔中得到施展，现在这些学术权威走到前台，将晦涩的知识，以通俗易懂的方式讲给受众，并与观众交流，取得了很好的效果。《百家讲坛》改变了人们的知识结构，同时也使人们的交流话题发生改变，人们茶余饭后的话题不仅仅是日常琐事，渐渐地人们开始喜欢谈论历史、文化和社会。

随着人们生活水平的日渐提高，柴米油盐的普通生活已经不能满足需要，人们需要更多更有水平的生活话题和其他的生活调味剂。讲座的内容有很强的学术性和实用性，专家名流的讲述也不是枯燥无味，他们追求自由前卫的释放，在这里他们不必受课堂压力。百家讲坛把中国的名校，学术权威送到百姓家里，实现了不少人的大学梦。在现今的中国很多人，尤其在农村有相当一部分人没有接受过更高程度的教育，他们把自己的梦想寄托在子女身上。《百家讲坛》使得他们内心对知识的渴望再次膨胀，并得到慰藉。

《百家讲坛》打开了中国民众通向学术殿堂的一扇门，许许多多的民众从中理解历史，吸收知识，提升自己。同时，节目还有了很多的周边产品，诸如，图书及音像制品，甚至在私家车里就可以听《百家讲坛》录音 CD。《百家讲坛》是中国国学热的产物，同时也是国学热的助推器。

国学走向世界

国学在中国复兴的同时，也在海外有了长足的发展。孔子作为中国文化在世界上的名片发挥了巨大的作用，孔子自中国古代便被国人认为是中国文化的代表人物。他和他的优秀的弟子以及之后的再传弟子中的佼佼者被历代君王和百姓尊敬，虽然经历数次劫难但仍然在中国人心中地位崇高。近年兴起的国学热也再次将以孔子和儒家文化为代表的中国文化推到人们关注之中。

为了促进中国与世界的文化交流，满足世界各地兴起的中国国学热潮，中国还在许多国家设立了孔子学院，传播中国国学。2004 年 7 月，教育部宣布在海外成立 100 所孔子学院，到 2010 年，国家汉办已经在世界各地创建了 300 多所孔子学院。第五届孔子学院大会之后，世界上除以汉语为母语的国家和地区外，学习汉语总人数已达 4000 万，有 100 多个国家近 4000 所高等学校开设汉语课程。世界主要国家汉语学习人数正以每年 50% 的幅度增加，中小学开设汉语课的热潮方兴未艾。

为了更好地实现本土化教学，国家汉办通过派专家赴外、远程教育等方式，培训近 80 个国家的外国、本土汉语教师 10 万人次，有效地增进了中国同这些国家在基础教育方面的合作。

而一年一度举办的孔子学院大会则主要是为全球孔子学院总结经验、加强沟通和合作提供平台，从 2006 年起已连续举办五届。

国学热的盛行不仅给物质化的今天，普遍缺乏精神食粮的人们以补充，其中的一些合乎现代人的伦理道德标准也为规范当代中国人的生活和行为起到了良好的作用。文化实力的发展使得中国在软权力上也得到了长足的进步，对于中国建设文化大国起到了积极的作用。但是在国学盛行的今天，一些隐藏的问题需要特别指出。提倡中国传统文化不是全盘的接收，我们都知道，一个时代的文化在其辉煌的背后还有其不合理之处，中国的传统文化亦是如此。时代的进步，社会的发展，中国的传统文化势必有些方面是不适应当代发展的需要，如果一味坚持，只会起到禁锢作用。因此，在弘扬传统文化的时候应当取其精华去其糟粕。另外，在提倡中国传统文化的同时亦不能对西方的文化持完全抵触的情绪。应当拥有古人“海纳百川”精神，对西方的文化也进行吸收和包容，在坚持中国文化的基调下，中西文化相结合，促成中国文化的多元性和时代性。

中国国学复兴，中华文化已经在中国发展迅速并受到前所未有的支持。面对如此剧烈的国学热潮中国人采取了更加睿智、理性的态度去面对。

国学的复兴不只是国学馆的开设，不只是在课堂，更是一种理念，一种生活态度，在复兴的过程中吸收前辈留下的净化思想，保留民族本性，更好的创造现代生活，而不能忽视现代社会和现代文明。对于历史我们总是不能割断，对于历史报以扬弃的态度，实现传统与现代的结合，在现代工业文明的社会，传统文化是新鲜的氧气，国学大师文怀沙先生这样比喻：“树的影子拉得再长，也离不开树根；我走得再远，也走不出妈妈的心。”国学热是追求传统精神的时尚，是睿智时尚。

心灵的笔锋

那时记忆

1979 年，《诗刊》选发舒婷的《致橡树》等。

1983 年，诗人海子在山海关卧轨自杀。

1993 年，《废都》出版，中国文学突破性禁锢。

“新时期文学”

文学环境的宽松带来了诗歌创作的春天，诗歌内容开始注重表达革新者的“创世纪”的激情和主张，在经历了文革的精神禁锢之后，开始加深人们对自由精神的理解。这一时期在作为“新诗潮”标志的自办刊物《今天》上发表了北岛、舒婷、顾城等写于文革时期或当时的作品，其中的作品，便被称为“朦胧诗”。

朦胧诗

朦胧诗以“叛逆”的精神，试图改变当时现实主义创作原则一统诗坛的局面，为诗歌注入了新的生命力，同时也给新时期文学带来了一次意义深远的变革。他们在诗作中以现实意识思考人的本质，强调人的自我价值和尊严，特别注重创作主体内心情感的抒发，在艺术上大量运用隐喻、暗示、通感等手法，丰富了诗的内涵，增强了诗歌的想象空间。“朦胧诗”并没

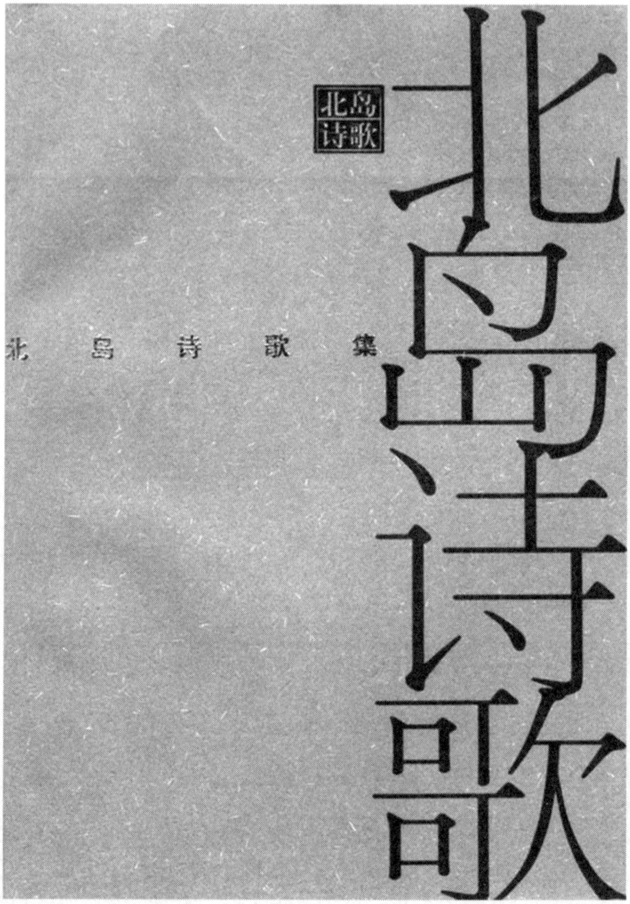

北岛诗歌

有形成统一的组织形式，也未曾发表宣言，然而却以各自独立又呈现出共性的艺术主张和创作实绩，构成一个“崛起的诗群”。朦胧诗曾在当时文坛引起争论。“朦胧诗”改写了以往诗歌单纯描摹“现实”与图解政策的传统模式，把诗歌作为探求人生的重要方式，在哲学意义上达到了前所未有的高度。

顾城早期的短诗，有明显的社会批判意念，后来便不再直观地感受社会，而以一个"任性的孩子"的感受，在诗中创造一个与世俗社会对立的"彼岸"，他被称为"童话诗人"。顾城在国内出版的诗集主要有《黑眼睛》、诗合集《舒婷顾城抒情诗选》、《五人诗选》等。他认为，"诗就是理想之树上，闪耀的雨滴"，"要用心中的纯银，铸一把钥匙，去开启那天国的门"，去表现"纯净的美"。

北岛的诗则是表达一种怀疑和否定精神，对虚幻的期许，选择的犹豫和缺乏人性内容苟且生活的坚决拒绝："我不相信天是蓝的/我不相信雷的回声/我不相信梦是假的/我不相信死无报应"；"我不想安慰你/在颤抖的枫叶上/写满关于春天的谎言"；"走向冬天/唱一支歌吧/不祝福，也不祈祷/我们决不回去/装饰那些漆成绿色的叶子"。北岛诗中表现出"反抗绝望"的态度和"觉醒者"的内心冲突和理想精神。

"先锋小说"

上世纪80年代后期，一批青年作家在小说形式上开始突破传统小说的模式，吸纳西方现代主义的观念和技巧，通过新的价值取向与传统伦理道德观念决裂。先锋小说注重小说的虚构性和小说的叙述性，发掘小说文体的自觉。

小说家以前卫的姿态探索存在的可能性以及与之相关的艺术的可能性，它以不避极端的态度对文学的共鸣状态形成强烈的冲击。他们反对传统文化，刻意违反约定俗成的创作原则及欣赏习惯。片面追求艺术形式和风格上的新奇；坚持艺术超乎一切之上，不承担任何义务；注重发掘内心世界，细腻描绘梦境和神秘抽象的瞬间世界，其技巧上广泛采用暗示、隐喻、象征、联想、意象、通感和知觉化，以挖掘人物内心奥秘，意识的流动，让不相干的事件组成齐头并进的多层次结构的特点，难以让众人理解。

他们认为文学不是再现生活，模仿生活，而是自我表现，用艺术想象创造客观，再现客观从而表现主体，即作者不再通过在文本中注入自己的价值评判与精神情感来建立其他体性。尤其是先锋小说后现代主义的“怎样都行”的信条，带着不确定性构方式，加之怀疑与否定的内在性的流动，由此颠覆了现实主义小说创作原则，先锋小说形成了一种从自我存在出发寻求人生价值和意义的哲学文学思潮。

马原是“小说革命”的第一人，他用叙述人视点的变化来展示作品真实与虚构的转换，突出小说的叙述功能，代表作有《冈底斯的诱惑》、《西海的无帆船》、《错误》、《虚构》等。洪峰作为马原的追随者，其代表作《奔丧》以反讽的态度和叙述的手法，颠覆了对传统悲剧故事的展现。

女性文学

中国的女性文学同样在1980年代绽放了绚丽的光彩。女性作家大量出现，作品数量和艺术质量达到令人瞩目的水准。在当时乃至之前的文学创作的历史状况下，以性别作为描述一个时期的文学现象方式，其意义可见一斑。这一时期的女性作品，不仅源于女性对于发现自我的诉求，还在于妇女解放这一社会问题被关注。女性文学对社会、文学的变革，受到知识界的支持。

女性文学在走向女性本体和主体方面，在女性自我生命体验和女性本体欲望表达等方面，表现得比过去更为内在、明显和豁达；在艺术表现上，注重了把“我”推向前台，文章日益变得个体化，时常从日常生活支点切入社会。女性文学的视野是开放的、发展的系统，女作家基于性别主体意识、性别视角表现的关注女性命运、女性情感、女性生命的文学，或者是基于超性别意识、超性别视角表现的包括女性生存在内的、具有人类普遍意义的文本。女性在两性问题的文学描述上最出位也走得最远的，她们接续了五四新文学的个性解放和张扬自我的文学传统，且有革命性颠覆的。如果说现代性是新文学有别于传统文学的特质，那么女性文学便是现代性的新文学。

80年代的女作家有杨绛、韦君宜、宗璞、茹志鹃、戴厚英、戴晴、叶文玲、凌力、霍达等。戴厚英的长篇小说《人啊，人！》以人道主义的立场，反思当代政治对人性的压抑，展现了知识分子的悲剧遭遇。这部作品掀起了80年代初“思想解放”运动中，有关人道主义问题的争论。

之后还有一批“知青”作家：王安忆、舒婷、张抗抗、张辛欣、铁凝、徐小斌等。许多小说以“知青”生活为背景，大多与女性问题和女性的自我反思有关。铁凝的《玫瑰门》被誉为展现女性历史命运的厚重之作。它通过以司绮纹为代表的庄家几代女性的命运，揭示女性生存与现代历史和社会秩序之间的深刻矛盾。司绮纹的一生都在不择手段力求进入传统家族和现代社会秩序，却不断地被排挤和拒绝，她所做的所有努力只能使自己变成一个令人厌弃的势利、冷酷之人。但作家采取的叙述方式，却流露了某些对她的同情。

文学现代化

诗人之死

上世纪90年代的诗歌出现边缘化的趋势，海子、顾城等诗人的死亡事件给90年代诗歌蒙上了一层挥之不去的阴影。由于不能满足大众的消费需求，也不能达到批评家抨击现实的预期目的，使得80年代诗歌的辉煌就此结束。专职的诗人开始靠兼职写小说维持生计，新诗的价值开始受到置疑。文学刊物对诗歌的兴趣骤减，即便有些刊物仍会支持诗歌，但在思想艺术思索和调整上，主要还要依赖民刊。

诗歌处在一个失去未来的时代，人们开始思索个体生命价值与时代的关系，诗歌的浪漫能否抵御现实的枷锁。一些诗人开始意识到诗歌与历史发展的关系，开始调整自己的信念和写作路线。转型的社会生活和诗人对诗歌的认识，打破了诗歌的政治力量。90 年代的诗歌是个性和个人经验的浓缩。个人化成为这一时期诗歌的特征，诗歌对于生活经验的容纳，推动了诗人在技巧和语言上的探索。这也使得 90 年代诗歌出现了朦胧诗和抒情诗不同的气质。

90 年代，一些诗人开始自觉地抵制占据主导地位的西方“权力话语”，反对西方的美学趣味和价值立场。而有些更倾向于西方审美风格的诗人也希望把东西方诗歌之间“影响”和“被影响”的关系变成一种平等的“互文”关系，建构起自己的价值体系，在一个更为平等、更为开放的环境里实现本土诗歌和世界文学之间的对话与交流。一方面应认识到当代中国语境的差异性和具体性，一方面也要看到语境与全球文化的互动关系，诗人的写作要介入现实，担当起诗歌应负的文化责任，开拓出独立于主流意识形态话语之外的个性精神空间。

西川的诗注重抒情的情节和语言的形式，《体验》、《起风》、《在哈尔盖仰望星空》等作品中表达了对“超验”、对“无法驾驭”的“隐秘”的兴趣和敬畏。之后西川的诗发生变化，他认为“语言的大门必须打开”，应该是“人道的诗歌、容留的诗歌、不洁的诗歌、偏离诗歌的诗歌”。《致敬》、《厄运》等将生活与历史、现在于过去、美与丑直接呈现，既唯美又包容。张曙光在《疾病》、《西游记》、《公共汽车上的风景中》表达了对现实生活的不信任，他希望诗能让遗失的事物重现，成为“失败者”的救命稻草，维持自我。“那一年”“那一天”“那时”展现了对时间的感恩，也显现出时间带来的压力。

大众文学

进入90年代，中国经济发展走上正轨，社会逐渐由读字时代过渡到读图时代。文字的内容与形式必将改变，纯文学逐渐退出了舞台，畅销书榜上十有八九是大众文学。其中《白鹿原》、《废都》的出版，更是引起强烈反响，《废都》成为90年代追求人文精神的代表作。

大众文学的通俗性使得它有很强的消费性。为了满足窥秘、猎奇等心理的小说、纪实文学等相继出现。长篇小说的繁荣，可以看做是文学成熟的一个标志，作家可以专注创作，并能广泛深入地对问题进行思考和表达，作家的文学成就在长篇作品中也更容易呈现。长篇的经济性也更适应当时的社会经济状况。小说对现实问题，对城市物化生活和农村情况的表现反映了现实政治、经济、社会的矛盾。随着网络的迅猛发展，新的文学表现形式出现在人们的生活当中。

金庸作品

大众文学的兴起，涌现出许多杰出的作品和小说家。以古代武侠小说著名的金庸、古龙，刻画了无数的经典大侠、侠女，其中的爱恨情仇、江湖恩怨成为人们津津乐道的谈资，以言情小说闻名的琼瑶，作品中尽情展现男女之间的情感纠葛，你侬我侬，受到广大女性的追捧，这类作家的作品又无一例外地被搬上荧屏，甚至出现不同版本，《天龙八部》、《射雕英雄传》、《还珠格格》、《陆小凤传奇》着实给人们的生活增添了色彩。

网络文学

所谓网络文学，就是以网络为载体而发表的文学作品，它本身并没有一个明确的界限。如果说网络文学有什么底线，就是对网络没有了解的人所写出的东西，官方人士在网上发表过（或者说网友流传上来的）的东西不是网络文学，仅此而已。

由于在网上的写作更具有自由性，所以网络文学的体裁比实体文学要更为广泛。一般来说，网络文学中也存在一些与传统文学体裁类似的作品，如诗歌、散文、小说等。但由于与网络相结合，这些作品有一些自己的特点：比如不少网络小说就是在作者与读者的即时互动中完成的，也有很多小说的结局都是根据读者的要求改变的。另外，网络小说多倾向于一些相较现实而言更为虚幻的事物，比如武侠、玄幻、修真（即修道成仙）、灵异、穿越（即穿越时空去另一个世界）、游戏等。

网络文学与传统写作相比更受欢迎的原因，首先是它的独特的网络协作条件，作者能相对及时和有针对性地迎合读者们的口味，同读者的互动

网络文学

能更好地把握作品的走向，赢得了更多的读者，也就能获取更多的利益。

其次，网络文学为那些没有渠道发表自己作品的人提供了一个平台，可以说是一个“文学草根的大舞台”。以前很多人写出来的作品，苦于没有发表的机会，只能锁进抽屉里。而如今在网上发表一篇作品只需轻敲键盘，点点鼠标就可以圆了自己的“文学梦”。很多人无可奈何下束之高阁的作品得以重见天日，有的甚至成为了大众的追捧对象，成为了网络文学中的经典作品。

另外，由于文学网站的经营模式比较简捷，因此作者获益的速度比较快，更受到一些经济拮据的人的追捧。只要能让自己的作品被大众喜欢，由此跟某家网站签约，就可以通过 VIP 章节保证收入。更有能者，凭借自己的文学才华，写出的作品几万字，所获得的稿费足够支付一年的学费。

网络文学目前的发展速度依旧很快，然而许多专家认为，如此大行其道的写作模式，也许会导致浮躁之气的产生，或者有恶意炒作的嫌疑发生。而许多网络写手对于名利的追求，也正导致网络文学的速成化。因此，真正成熟的网络文学，还需要经过一段时间的沉淀和积累，才能作为一个真正的时尚现象，融入到我们的生活中来。

灵动新语言

那时记忆

2010 年 3 月，两会产生“民生”、“反腐”等流行词。

2011 年 7 月，《新华字典》将“房奴”、“考试门”、“晒隐私”收录入册。

2011 年 11 月，“给力”登上《人民日报》头版头条。

时尚酷词

在我们的生活中出现了越来越多的新词汇，中国的年轻人很乐意充当城市生活的“风语者”。时尚酷词透过网络，深入人们生活的各个角落，打破了生活在钢筋混凝土建造的城市里的人们的平静而乏味的生活。酷词是新鲜的，带有很强的时代色彩，它们来得快，去得也快，也许你第二天打开电脑又会看到你没见过的流行语，它会很快在人们的生活中传开，电视、报纸、杂志甚至课堂上都会出现。酷词反映了人们的生活，每一个酷词的出现都体现着人们生活的变化与进步。它是人们交流的媒介，它以形象风趣的形式使人和人的交流更轻松。而且，交流中有酷词说明你没有和社会脱离太远，是个时尚的人。

新词汇的产生与中国近些年的社会和经济的进步相联系，对外交流的频繁也为新词汇的产生提供了客观条件。高新技术的发展也为酷词的传播和应用提供了便利的途径和支持。酷词深入我们生活的各个领域。据不完全统计，现在每年约有 1000 个汉语新词汇出现。酷词日新月异的发展正反映着社会的飞速发展。人类历史的发展也可以在新词汇的产生中得到体现。

改革开放以后，之前的一些词汇已经淡出人们的生活或者被人们赋予了新的意思。酷词甚至开始出现在中国政府工作报告之中，诸如“社区服务”“中介服务”“心理预期”“财政风险”等。“垒长城”表示打麻将，“有碍市容”被用来说人长得丑。汉语里的称呼也发生了巨大变化，从以前的“师傅”变为现在的“先生”、“小姐”，甚至 GG、JJ 、MM。经济的发展，贸易的繁荣造就了不少的“经理”、“大款”而今他们也都成为“CEO”。新的经济环境还造就了“农民工”、“家政顾问”。经济生活的充裕使得人们开始更注重高品质的精神生活。他们去 KTV 飚歌，去欢乐谷蹦极，他们喜欢做快乐的 “驴友”。同时，他们也有不开心的时候，比如被“炒鱿鱼”或者买东西“被宰”。

电脑和网络的出现把世界带入一个新的时代，人们称之为“信息时代”，网络在今天已经成为人们生活的必需品，而且还有了网络文化和语言。当信息时代和高新技术与语言紧密的结合到一起。酷词便在网络中迅速地蔓延。在网络里交流人们不是总能见面，所以符号便开始发挥语言的一部分功能，例如：^_^ 表示高兴，^o^ 则代表吃惊。为了便于网络交流人们还用数字代表一定的语言，还有一些汉语拼音的缩写，这样应该是为了缩短打字的时间，5555 表示“哭”，因为哭的时候会“呜呜呜”；9494 则取相似的发音，是“就是”的意思；GG 是指“哥哥”，JJ 指代“姐姐”，MM 自然是“妹妹”的代词。

其实，酷词的出现不仅是在当代的中国，在历史上任何一个变革的时代都有产生。五四时期的中国随着社会政治经济文化的发展，便有了“德

神马都是浮云

先生”和“赛先生”，便是将英文中的“民主”、“科学”按照汉语构成形成的，构词新颖，便于人们熟知。新词的出现是为了更好的适应时代发展的需要，也是当时社会精神的体现。及至当代，随着计算机、网络在中国的普及又出现了“网吧”、“博客”等新词，中国的年轻人近些年很流行玩博客，甚至在博客里的语言也是“酱紫”、“给力”这些酷劲十足的用语。除了中国以外，世界其他国家和地区也有酷词的出现。比如日本，日本民族是个很有个性的民族。有些人开玩笑说日本人的英语很差，他们的发音太让人难以辨别。你可知道，很多时候日本人说的并不是英语，他们和我们一样，会把英语里的元素融入本国语言成为酷词。

酷词有很强的包容性，在吸收外来词汇时偏向于音译。对外来词汇的吸收有利于中国与世界的理解和融合，在差异和碰撞中完善中国的语言。在世界现代化日益加深的今天，交流显示出比以往任何时代都巨大的作用。中华民族是一个善于融合的民族，创造性的引进外来词汇，充分体现汉语的强大感染力，使语言有了更多的色彩。而且在信息化时代，语言与现代技术进一步结合，语言信息技术越来越发达，使人和人之间的距离缩短，在依靠现代技术交流的时候产生的网络语言也在改变着人们的现实生活。人们在“氧吧”寻求健康，在“吧台”前喝酒，在“书吧”“充电”。

最近几年又出现了不少的酷词，这些酷词来源于社会现象、流行的影视剧作品、网络交流、英文，甚至中国古文、方言和汉语拼音等各种渠道。

网络酷词

网络在中国已经很发达，年轻人的交流有相当一部分是通过网络实现的，相应的网络交流平台也应运而生，QQ、人人网、YY 语音的兴起不仅方便了人们交流，还改变了人们的一些交流习惯，形成很多酷词。这些酷词生动形象，很是有趣。如：支持——顶，提意见——拍砖，隐身——潜水，我——偶，好——强，看不懂——晕，有本事——有料，看美女——鉴定，尴尬——汗，不喜欢——吐，羡慕——流口水，倒霉——衰，等等。

还有一些源于中国古文、方言和汉语拼音的首字母的酷词在网络上也很流行。大哥——兄台，看法——愚见等源于中国的古文；吃——撮，不要——表，人——银，什么——虾米，喜欢——稀饭，这样子——酱紫等源于中国的方言；姐姐——JJ，哥哥——GG，妹妹——MM，变态——BT，佩服——PF，流氓——LM 等源于汉语拼音的首字母；还有一些是来源于阿拉伯数字的汉语发音，如：9494——就是，3166——撒由那拉（再见），165——原谅我，520——我爱你，等等。

源于英语的酷词

高兴一下——Happy，兴奋——High，我吐（不喜欢）——METOO，

昏倒——FT（faint），重要人物——VIP，网名——ID。

还有一些酷词源于动漫和影视作品，如：年轻人——小P孩，来自著名的流行漫画《小P孩》，蟑螂——小强，来自著名电影人周星驰的大作《唐伯虎点秋香》。

还有一些是时下最流行的酷词：给力，带劲，有劲头。由“给力”一词造出的英文词“gelivable”也迅速走红，成为了酷词，2010年，“给力”还被登上了人们日报。对于去年以来的涨价风波，还产生出不少新词汇，如：蒜你狠（算你狠），豆你玩（逗你玩），煤超疯（梅超风：金庸武侠小说中的人物），糖高宗（唐高宗），为了应对涨价甚至出现了海豚族（海量囤积的人）。小说《杜拉拉升职记》曾风靡一时，杜拉拉一词也被人们视为外企职场生存成功法则的缩影，白领都市时尚生活的写照。面对高效率的城市生活，人们产生了巨大的“鸭梨”（压力）。现在最流行的莫过于“神马都是浮云”，神马不是马，神马是什么的谐音。亚克西是维吾尔语中“好”的意思，现也开始作为酷词被人们使用。上墙是博客出现以后产生的新词汇，意思是指把有价值或有趣的内容传送到微博屏幕上做展示。

酷词的产生有很多原因，最直接的还是因为在聊天时候，人们总是急于把信息尽快地敲进电脑传输给对方，在这个过程中难免出现错误，出现的错别字有时便由于和原本字同音且可爱便被人们保留下来并被使用。而经济和技术的发展则为酷词的出现提供了硬件的支持，人们的生活则是酷词最根本的来源。语言本来就是为生活服务的，酷词的产生在方便人们交流的同时更丰富了人们的生活，酷词的产生也是人们生活的真实反映，酷词告诉我们生活的状况，更告诉我们生活的态度。酷词已经不仅仅是昙花一现了，2003年商务印书馆出版的《新华新词语词典》中便收录了自上世纪九十年代以来的2200个新词汇以及相关词语4000多条，包含了政治、经济、技术、军事、时尚几乎人类生活的所有领域。鉴于酷词的更新速度，该词典会每两年修订一次，以此全面反映中国社会的变化。

中国教育部公布了中国语言生存状况报告，其中一些词汇已经消失，成为“死词汇”，新产生的一些词汇正在成为正规的汉语词汇。一些被普遍使用的词汇，如“PK”“粉丝”“给力”等已经被报纸和传媒使用，这些词被收录到中国词典里。然而在网络上，酷词已经成为“日常用语”了，但是一些酷词没有持久的生命力，在被使用一段时间以后就销声匿迹了。网络为酷词的产生和传播提供了客观条件。酷词更新很快，这使得《新华词典》不得不由之前的十年一次修订改为五年一修订。

酷词是社会发展的结果，它很好地反映了社会发展的各个方面，它是一种文化现象，它映射出的是人们的生活理念和社会的进步。“隐私”“个人空间”的出现，可以看出尊重已经很重要了。酷词越是丰富，人们对它所代表的世界的理解就越深刻，酷词丰富了汉语。

酷词的出现给我们的生活增添了很多趣味，可是也带来了两个问题。一是，酷词虽然来也匆匆去也匆匆，可是，酷词的确在某种程度上对本土文化的传承起到了冲击。二是，酷词的大量产生，从其原因看是中国与国际接轨，对外来文化扬弃吸收的过程，不过这也是我们软实力接受考验的时刻，中国文化在与世界文化的碰撞中会产生怎样的火花。

人们乐于使用新词语，因为语言就是人们交流的工具，酷词反映人们的生活，给人们的生活增加了乐趣。语言承载着一个民族的文化，当文化中融入新的元素，语言也会随之发生变化，新词汇的广泛传播，而且以惊人的速度更新，已反映了社会的变化，酷词不光是年轻人或是网络的语言，它是属于所有人的时尚语言。

汉语热

那时记忆

2002 年 8 月，第一届汉语桥决赛在山东举行。

2004 年 11 月，全球首家孔子学院在韩国首尔成立。

2005 年 6 月，海外学汉语的人达 3000 万。

中国出现了一个奇特现象，越来越多的中国人在学习英语，不仅因为英语是中国学生进入大学前的考试——高考中的一本主课，更因为英语在当今中国乃至世界上重要的应用性；但是越来越多的外国人开始学习汉语，他们认为学汉语最好是来中国。中国正在敞开自己的怀抱，在了解世界、融入世界的同时，也在被世界了解和接受。中华民族五千年的历史孕育了魅力无穷的汉文化，更多的外国人渴望了解中国，汉语学习成了最基本也是最有效的敲门砖。

洋学生学汉语

越来越多的外国人来到中国，并在中国生活、学习，汉语专业也成为外国留学生选择的热门专业。留学生可以根据自己的需要选择汉语学历，在中国的各个高校攻读汉语专业的学位，也可以参加各种汉语学习的进修和培训。对于汉语的学习，洋学生越来越不满足于浅显的语言学习，他们希望能熟知中国文化、取得和中国学生一样的汉语专业学历。掌握汉语也成为他们回国之后的一个有力的竞争力。

汉语是全世界使用人数最多的一种语言。随着中国国力的提升，文化软实力极大提高，文化影响力开始在世界上发挥越来越大的作用。中华文化的魅力受到人们的追捧。文化发展战略提升到国家战略发展规划的层面上，这是中国文化适应中国经济发展步伐的一次大提速和大呼唤。

有调查显示，在北京几所高校的留学生非学历教学中，汉语专业一直以来就是留学生的首选，在北京第二外国语学院，外国留学生中学习汉语的每个学期能占到七成以上。中国越来越多的时尚元素多数是舶来品，在与外国交流中吸收外国先进文化的同时形成的，原因很简单，是中国人追求提升愿望使然。外国人学汉语表明了他们与中国人一样的心理。留学生在中国学习汉语分为学历教育和非学历教育两种。与学时较长的学历教育不同，汉语专业的非学历教育学习时间一般较短，只需几周或几个月的时间。自 2001 年至 2009 年在中国学习汉语的留学生人数呈明显的上升趋势。2001 年 44149 人；2002 年 63328 人；2003 年 53126 人；2004 年 75270 人；2005 年 86679 人；2006 年 98701 人；2007 年 119147 人；2008 年 124574 人。

汉语桥工程是在中国国内开展的鼓励外国留学生学习汉语和中国文化的一项举措。自 2002 年来“汉语桥”在国家汉办和湖南电视台的支持下已经顺利举行了九届。来自 50 多个国家的大学生先后受邀参加。“汉语桥”世界大学生中文比赛旨在激发外国学生学习汉语的热情，增强世界对汉语及中国文化的了解。比赛也确实成为各国学生学习汉语，了解中国文化的平台，中国与世界在这里沟通、理解。“汉语桥”比赛涉及汉语语言能力、中国国情知识、中国文化技能和综合学习能力。比赛中，选手会参加各种主题的文化活动。优胜者会得到来中国留学的奖学金。2008 年汉语桥落户湖南，由湖南教育台和湖南卫视合力举办。

孔子学院——带汉语走向世界

为推广汉语文化，加深中国与世界各国的友谊，促进各国人民对汉语及中国文化的了解和学习。中国政府在 1987 年成立了“国家对外汉语教学领导小组”，简称“汉办”，专门负责汉语和中国文化在海外的推广。在“汉办”的领导和支持下，孔子学院成为在世界和中国推广汉语文化最成功的范例，成为传播中国文化及国学的全球品牌和平台。

孔子学院为国外的汉学爱好者学习汉语提供方便、优良的汉语学习条件。孔子学院并不是传统意义上的大学，其主要功能是传播中国文化、推广汉语、展示中国文化的交流机构，是中国与世界交流的友谊之窗。孔子学院为世界各国的汉语爱好者提供学习汉语的教材和培训。学院在北京设置总部，在许多国家设立分支机构，扩大汉语文化影响。它以孔子“和而不同”的理念推动中国文化与世界文明的交流与互动，以期建立和平繁荣的大同世界。

孔子学院已经成为中国对外传播中国文化、推广汉语的最重要平台。学院还创立同名综合类文化期刊《孔子学院》，面向世界发行。孔子学院的学生和教师，以及汉语文化研究者、爱好者都可以看到，期刊采用汉语和英语双语编辑，设有《总部信息》、《专题报道》、《院长论坛》、《学术界面》、《本期人物》、《图片故事》等 14 个专栏。向世界所有的汉语学习者提供学院的信息和汉语教学的相关知识。此外，学院还于 2008 年开办电视孔子学院，通过美国斯科拉卫星教育电视网，向世界 24 小时播出。生动形象和时速性使得电视孔子学院很快进入美国的 400 多所大学、7000

多所中学和 50 多座城市，加快了汉语推广，与孔子学院面授教育的结合为汉语学习者的学习提供了更全面的途径。电视孔子学院的节目包括《魔力课堂》、《宝宝学汉语》、《普通话正音》、《中国故事》、《新闻天天讲》等，使观众通过生动的语言，轻松掌握汉语，了解汉语学习的规律和丰富多彩的中国文化。

海外日益剧增的孔子学院说明了这种古老而又神奇的文字语言的文化向心力非同凡响， 中国大国崛起的同时，其文化领域必然会有一个发展的黄金时期，显然我们所处的正是这种黄金时期的黄金时段，而文化崛起的首要手段就是语言的国际化。“我国当前的文化交流形式既要有政府主导的文化交流，也要有社会各种力量参与的文化活动，更要培育有竞争力、有实力的文化市场主体。”华语传播的国际化发展趋向和纵深拓展方向是明确的，那就是汉语还会持续升温，并成为一种世界性趋势。

大山和他的中国梦

1984 年一个加拿大年轻人开始在多伦多大学东亚系东亚研究专业学习，也就是在这时他有了自己第一个中文名字——陆士伟。毕业以后他参加中加两国的交流学者项目被派送到中国北京大学，他也就是在那里系统的学习了中文。后来他参加了中国中央电视台元旦晚会，这是中国人为庆祝阳历新年而举办的一场盛大的文艺晚会。在一场小品里他成功地出演了一位名叫大山的青年。演出的成功使得很多的中国人记住了这个叫“大山”的外国小伙子，于是陆士伟便改名为“大山”。也许是因为喜欢中国文化才学习汉语，也许是因为学习汉语才喜欢中国文化，来到中国的大山很快地喜欢上了中国一项传统的曲艺艺术——相声。他按照相声界的传统拜中国著名的相声演员姜昆为师，开始学习中国的相声，正式成为相声门里的第九代传人，并在以后不断地在中国各地甚至电视荧屏上表演。中国的观众很喜欢这个用中国话说相声的洋笑星，经过刻苦的学习和多年的艺术实践，大山的语言水平和艺术表演技巧日臻成熟，获得曲艺界内行和广大观众的好评。大山除了说相声之外，还渐渐地做了很多出人意料的事情。他主演过电视剧，同时还是一位经验丰富，风格独特的主持人，因为语言的关系，他在双语主持和国际性活动的主持效果很不错。无论是露天场地还是演播大厅，他总能运用自如，游刃有余。

大山对于教育领域有着独特的情怀。他的成功源自于他是一个学习外语的好手。他的汉语说得很不错，现在他开始帮助中国人学英语。仅中央电视台就曾经播过《随大山访加拿大》、《随大山万里行》、《捷径英语》等英语教学节目，他还亲自设计了儿童双语读物《大山叔叔讲故事》。他还专注于对外汉语的教学，致力于帮助外国人学习中文。《交际汉语》、《旅游汉语》、《体育汉语》都是他的作品，这200多集的电视教学在世界各地播放。作为过来人，大山非常了解外国人学汉语遇到的问题，他也由此从一个学习者成功蜕变成一个教授者。虽然是汉语教学，但是仍然吸引了不少中国人的兴趣，他们是为了更好的学习英语，

大山

因为从大山流利的英文解说中他们可以了解到很多英语课本上没有的内容，以更好的学习英语。有些人开玩笑说，大山讲的交际汉语是学英语很不错的资源。中国人学英语，外国人学汉语，目的都是为了更好地加深了解，促进交流。

大山热衷公益事业，他以自己的责任感从事有关环保和癌症的公益宣传，因为这些事是不分国界的。他是中华环境联合会理事，受到加拿大癌症协会的表彰，义务出演各种公益广告。他是北京十大杰出青年，他有渥太华城市钥匙。从汉语学习者到英语老师再到汉语老师，从相声演员到爱心大使再到文化代言人，大山给我们呈现了太多的经历。他认真负责的工作，2008年北京奥运会时的大山是忙碌的，他是奥运火炬手，同时在加拿大奥委会任职，他还要做好北京奥运会的宣传。

大山不喜欢说东西方文化的冲突，虽然他感受到东西方文化不同的历史和风俗，但是他也看到两种文化的互补，他把文化的差异看成是文化融合的前提，在他看来文化并没有差别，文化是相通的，本质上是一致的。最近的历史说明中国已经发生了天翻地覆的变化，中国人在保留自己文化的基础上吸收了很多外来的先进的文化。中国在拥抱世界，世界也在接受中国的变化带来的影响。语言教学、文艺表演、咨询和宣传工作便是实现东西方融合的途径。

在对部分学习汉语的外国留学生的调查中可以看出：他们来中国学汉语是对中国文化的浓厚兴趣引起的。而语言是通向文化内核的最基本的途径。通过在中国系统的学习汉语，取得专业汉语学历，是为了回国以后准备从事汉语教学，同时他们很不满足仅仅对汉语的学习，对于中国人和中国文化他们表现的热情让人感到惊讶。因为汉语在国外很热门，对专业汉语教学的教师需求很大，要求也越来越高。中国汉语学历的含金量是很高的。

哪怕是自费，他们认为也值得。毕业准备留在中国的留学生中，很多都是父母中有一方是中国人。跨国婚姻的家庭背景促使他们来中国学汉语、了解中国文化，“因为中国也是他们的家”。还因为中国经济的发展，综合国力的提高，学汉语是欧美年轻人追求的一种潮流，在外国很多人会说汉语，喜欢听中文歌曲。中国与世界在政治经济等领域合作越来越多，精通汉语可以找个好工作。

留学生在学习汉语的过程中，慢慢地开始喜欢中国的生活方式，喜欢中国人勤奋好学，热爱工作，他们中的很多人甚至选择读硕士继续深造汉语。汉语学习已经成为一种时尚，一种在热爱汉语、热爱中国文化的外国朋友中兴起的时尚，无论是出于对中国文化的喜好还是发现了中国美好的前景也好，汉语正在被越来越多的人学习和使用，这是中国改革开放的结果，经济的巨大腾飞带来了文化影响力的增强，中国的国际吸引力无论是在经济方面还是在文化方面都空前的巨大，中国的软权力得到了很好的提升，汉语热便是最好的证明。

告诉你什么最时尚

那时记忆

1988年，ELLE中文版《世界时装之苑——ELLE》创刊。

1993年8月，中国第一本时尚杂志《时尚》创刊。

1995年9月，《瑞丽服饰美容》创刊。

当今社会的巨大发展带来了太多的时尚理念和时尚元素，人们在由追求物质满足向追求高品质生活转变的时候，面对如此多的时尚难免迷惑和为难。而伴随时尚的发展，作为时尚说明书和时尚路标的时尚杂志也开始进入人们的生活。它不仅告诉人们关于服装、饮食、健身、娱乐等方面的时尚信息，更带给人们科学合理的时尚理念，使人们能够更加明确、深入对时尚的理解，享受更舒适的时尚生活。

中国的时尚杂志在20世纪初的上海便产生了，但是现代意义上的时尚杂志则是在改革开放之后，中国的专业时尚杂志《时装》在北京创刊发行。此后，各种时尚杂志便雨后春笋般涌现在中国各大城市。时尚杂志开始影响人们的时尚观念和生活方式。

现在中国的时尚杂志呈现欣欣向荣的景象，新的时尚杂志不断出新，原有的则不断精益求精。现在中国的时尚类杂志已不下50种，但是占据中国时尚杂志大半江山的却是《世界时装之苑——ELLE》、《时尚》、《瑞丽》三家。

时尚杂志进入中国

1988 年上海译文出版社和法国桦榭菲力柏契集团联合推出《世界时装之苑—ELLE》——*ELLE* 的中文版，成为了中国境内第一个正式获准发行的中国现代时尚杂志。*ELLE* 在全世界的各地都有出版发行，内容涵盖了人们生活的各个层面。 她致力于为女性提供全方位的流行时尚情报，包括全球最新的潮流时装、美容产品以及流行趋势，网罗最新和最丰富的资讯，覆盖现代女性时尚生活各方面的需要——饮食、旅游、健美、事业和人际关系等，以跨媒体实现开放、时尚、创新娱乐的理念，第一时间将流行情报带给用户。

ELLE 与中国一家电视台合力开展选秀节目，实现了时尚与娱乐的创造性突破。*ELLE* 一改高端时尚的路线，邀请为国际一线艺人做设计的知名设计师、造型师、摄影师，根据不同的主题，不断挖掘快乐女声们的潜质，为她们量身定做时尚造型。*ELLE* 在选秀过程中重新诠释时尚的定义，草根同样可以时尚，而 *ELLE* 也被越来越多的人所接受，在取得丰厚经济效益的同时，*ELLE* 还扩大了自己的影响力。

第一本进入中国市场的国际时尚女性高端杂志迎来自己的“孪生姐妹”*ELLE EXTRA*，她的诞生使《世界时装之苑—ELLE》成为第一本真正意义的双书杂志——*ELLE+ELLE EXTRA*。*ELLE EXTRA* 以全书 200 多页的创新图文形式闪亮上场，再创流行月刊的阅读新潮流，重磅出击国内时尚传媒界。*ELLE EXTRA* 让创刊 20 年以来的读者在购买的同时能收获一份额外的惊喜，享受到全新的内容和阅读体验。整本 *ELLE*

EXTRA 将突破传统时尚杂志的内容编排，全书围绕一个主题，从时装、美容、生活方式、话题等各个方面进行全面而深入地诠释，更讲求视觉的冲击力和版式的时代感 。

中国《时尚》改变生活

1993 年《时尚》杂志创刊。十几年来《时尚》杂志已成为中国最具实力的高档时尚期刊。《时尚》杂志以"国际视野、本土意识"为办刊宗旨，以独特的风格、高雅的品味、风趣的文字、新颖的设计引导着潮流，倡导着时尚。

《时尚·伊人》的内容涵盖了年轻女性关注的几乎所有的时尚话题，包括个性成长、两性关系、事业发展，分为人物、情感、健康、职业、生活、时装、美容、娱乐八个版块。既有国内外最新的流行服饰、美容产品信息，又有中国女性的职业发展、情感健康和生活方式。《时尚先生》则是时尚男士消费生活的最好选择，包括了男士生活的方方面面：时尚人物、时装、旅游、休闲、理财、文化动态、精致消费品以及情感，是一本描述男性时尚生活的杂志。此外，时尚还推出一本综合类男性时尚杂志——《男人装》。这两本杂志很好的填补了男性时尚杂志的空缺，也为男士找到真性情提供了指引。

随着人们对高品质生活的追求，《时尚家居》应运而生，是中国第一本现代家居时尚期刊，在展示国际一流时尚家居的同时强调实用性，向人们传递时尚的家居理念，为读者提供精致舒适实用的现代生活空间信息。

《时尚旅游》志在提高中国城市人口旅行理念，以深度旅游、特色旅游和商务旅游的角度，考虑有较高文化水平和消费能力的人群。通过与 *TRAVELLER* 杂志的合作，努力与世界时尚旅游接轨。《华夏地理》的宗旨是“增进与普及地理知识”，杂志不仅刊载国内地理的精华，同时发布美国国家地理的精美图文，发掘世界人文资源和全球文化。

《时尚新娘》主要以新婚时尚为话题，关注个人成长、两性关系、事业发展，内容涉及时装、美容、健康、健身等。鼓励读者过高品质生活，风趣、大胆地为现代女性提供全面的信息，为她们找到最佳的生活状态。《时尚》与世界各大著名时尚杂志合作，依靠独到的品味、锐利的眼光，向中国人诠释时尚的含义，力求为中国人提供服饰、美容、出行、理财、心理、健康、家居、饮食、娱乐、家庭关系……各方面的时尚信息

1995 年一本新的时尚杂志《瑞丽》出现在中国时尚界。它打破人们时尚即奢华的成见，以一种平实时尚路线与《世界时装之苑—ELLE》和《时尚》的高端时尚形成鲜明对比。这种新的理念不仅仅将时尚的含义解释的更加全面，同时给了更多人感受时尚的机会。新的理念，成功的经营使瑞丽取得了巨大的成功。瑞丽以平面实体期刊为主，同时它又积极采用新的传媒手段、拓展广告、发行、模特经纪等新的时尚领域，成为中国的时尚媒体巨头。

实用时尚贴近生活

瑞丽志在打造实用时尚，以国际化的姿态引领时尚潮流。目前，瑞丽旗下已经拥有《瑞丽伊人风尚》、《瑞丽服饰美容》、《瑞丽家居设计》、《瑞丽时尚先锋》等系列知名刊物。《男人风尚》作为瑞丽的实用男性时尚杂志正式印刷发行，瑞丽成为完整的时尚杂志期刊群。中国时尚类期刊唯一的中国驰名商标“瑞丽”，还是中国最大的模特储备库，时尚媒体客户数据库，是中国发行总量最大、品种最丰富的时尚媒体集团。

瑞丽以女性的视角，打造实用时尚的东方时尚。“瑞丽希望与所有步

入成熟的女性读者一起，携手度过这个充满希冀与变化的新千年，执著于美丽，你我同行。”瑞丽与中国期刊协会联合举办“封面女孩全国选拔大赛”，中国开始有了平面模特的专业培养，之后又成立模特经纪公司推出《瑞丽 Pretty》，通过对平面杂志的有效利用，以全新的视觉享受向读者提供前沿潮流和个性时尚。而 2005 年瑞丽与意大利家居杂志的合作则标志着中国时尚与欧洲时尚的并驾齐驱。

瑞丽在打造实体图书期刊的同时还积极开拓其他载体。建立了都市主妇、瑞丽女性、现代人健康美食等网站，它已拥有了无线产品、电子杂志、时尚网络等多个展示时尚的平台。手机的大量应用和手机技术的日益完善，使瑞丽杂志发现了新的空间。2009 年《瑞丽》手机版在瑞丽和 viva 公司的

时尚杂志

联合打造之下新鲜出炉，除了拥有平面瑞丽的优美图片之外还增加了许多新潮的时尚元素，使读者可以与杂志亲密互动，成功实现了平面媒体与电子媒体的完美整合。

时尚杂志对于时尚的发展有巨大的推动作用，同时时尚杂志也曾创造着时尚。时尚很容易和奢侈与上流社会联系到一起，但是在现在随着社会的进步和人们生活水平的提高，时尚开始出现由上而下的转移，时尚开始服务于大众，时尚不再是奢侈的同义词，而是代表着潮流、品味和专业。但是普通的大众并不能直接出现在巴黎或是米兰的时尚秀台，这时时尚杂志便给了他们接触最新时尚的渠道。时尚杂志已经不仅仅是时尚信息的传递者，它也是时尚潮流的引领者，它甚至会传造出新的时尚。流行总是由拥有共同喜好的有相当影响力的人群产生的。时尚杂志作为时尚的发言人，一定程度上决定了流行的趋势。时尚有超强的时效性，这要求时尚杂志的更新周期必须特别地短。时尚杂志改变了人们的生活，为人们界定了时尚和美的概念。中国的时尚杂志起步相对较晚，即便是现在中国的知名时尚杂志也多和世界著名的时尚杂志有合作办刊的经历，这有利于尽快使我国的时尚界与世界接轨，在外国时尚文化在中国扩散的同时，建立中国特色的时尚文化，时尚杂志改变了中国人的生活，更新了中国人的生活理念和生活方式，更强化了人们追求自由解放的理想。

艺术篇

艺术，时尚的主流形式之一，改革开放至今，中国人对时尚艺术有了全新的理解与诠释。艺术与时尚距离大众并不遥远，它与每个人的生活都息息相关。可以说，生活是最好的舞台，每个人都是主角，时尚可以属于每一个人。时尚并不仅仅意味着享受名牌产品，更能让人增强自信，使自己成为内心完美的他或她。现在，传统成为时尚，越来越多的年轻人喜欢走进茶楼听相声；各类大片的涌现，给中国人更多的蒙太奇式的视觉享受，领略艺术中的时尚元素和内涵；自在地涂鸦与摄影，更让世人看到时尚中国的追求自由；而感于物，生于心的音乐，更是感性的中国人时尚生活的必需品。凡此种种时尚，无一不是表达当代中国人的内心追求与释放。时尚存于生活，又走在生活之前。当代中国，时尚艺术可谓“雅”“俗”共赏。

写意视觉：涂鸦、拍客与绘画

那时记忆

2007 年 11 月， 中国首届涂鸦魅力艺术展在北京举行。

2011 年 5 月，陈逸飞代表作《山地风》以 8165 万元人民币的成交价格，创造了中国油画拍卖的世界纪录。

时尚在城市聚集，并调剂人们的生活，带给城市活力和激情，更是当代中国人一种心灵的解放与休憩。涂鸦、拍客，是中国近些年兴起的时尚现象，如同任何新事物的出现都会经历被人接受的过程，这二者也是一样，作为舶来的时尚，涂鸦、拍客在中国的发展受到了更多的考验，但是不得不承认，二者确实已经在改变着人们的生活，也因人们的生活而改变，它们给城市增添了时尚的色彩和生活的乐趣。

涂鸦之作

涂鸦一词最早在中国的唐朝就出现了，唐朝的卢仝说他的儿子乱写乱画很是顽皮，就用到了涂鸦这个词，后来涂鸦被用来指代带有时代色彩的艺术行为。涂鸦主要的载体是墙，但进入 20 世纪后期，涂鸦所依赖的介质就不只是墙了。涂鸦的外文意思也多是指在墙壁上涂写乱画，而不是刻意地去绘制图画。图画更能形象直观地表达作者的思想和要表达的内容，这是文字所无法做到的。

到了世纪之交，许多年轻人把涂鸦与时尚的嘻哈元素结合在一起，涂鸦开始向多元化发展。涂鸦作为街头文化的一种新的形式，开始出现在北京的街头巷尾。近些年经济高速发展，城市建设进入新的阶段，大批的建设拆迁给最开始的一批涂鸦工作者提供了活动的场所和施展才华的地方，北京的胡同就是他们释放自己的一个出口。随着城市的发展，涂鸦逐渐艺术化、商业化，它不仅见证着城市的发展历程，也成为城市建筑一道亮丽的风景。

涂鸦者们喷绘自己的内心之境，他们要表达的是激情，是渴望，是怀念，甚至是愤懑。涂鸦构思的好坏一般由作者的想象力和技术决定，但是他们创作的源泉都是来源于生活，他们的感情是真挚的。涂鸦者把他们的名字涂在越多的地方，他们的知名度也就随之提高，后起之秀们只有不断地进步才能有出头之日。

在北京有很多涂鸦墙，在北京海淀区人民大学南路，有一段长 730 米，平均高 2.5 米的长墙，上面遍布着学生们的涂鸦作品。在离 2008 年北京奥运会开幕还有 1000 天的时候，近 400 名涂鸦志愿者在这道墙上创作了“奥运向我们走来”的大型涂鸦创作，此举造就了中国国内最长的涂鸦艺术墙——“北京之墙”。除此之外，还有中医药大学与北京服装学院南门之间的一段墙壁和五道口等，这里的涂鸦多是外国留学生的作品。最著名的还是 798 工厂涂鸦墙，作为北京外来艺术家的聚集地，这里无处不在的艺术创作中自然不会少了涂鸦的存在，与其他艺术形式的交融更显示出涂鸦的特质。随着网络科技的发达，人们在网络上绘制涂鸦，涂鸦家园便是国内早期的涂鸦网站之一。

人大涂鸦墙

作为中国新一代的涂鸦艺术工作者，他们年轻、有才华、有理想。在接触涂鸦的开始是觉得它很新潮，在兴趣的引导下，他们开始在涂鸦的世界里找到自己的生活方式和价值。他们的技术起初来自于对世界大师的模仿，少数人可能会得益于之前对绘画和艺术的学习，但是几乎等于是自学。在经过不断地被覆盖之后他们才能拥有属于自己的一席之地，他们以非凡的自信，成就着自己的梦想。

喷漆给单一、无生气的墙壁和城市勾勒出的不仅是美丽的线条和图案，他们更为城市增添了活力，为城市的生活和人们的心里增添了色彩。在他们的作品里，我们能体会到激情的释放，也能看到他们的孤独。在喧嚣烦躁的城市里，人们总是在自己的或者他人的规矩里求取生存，涂鸦者的行为并不为多数人认可，他们只能凭着自己的坚持和执著，去改变他人心里的灰色。近几年，尤其在 2008 年奥运会之后，人们才试着去接受和尝试这一新的艺术形式，人们不再嘲笑鄙视涂鸦，不再把涂鸦与地下联系在一起，虽然地下通道和偏僻街巷仍然是涂鸦者最爱的乐土。涂鸦进入了人们的生活。它不再是简单的墙体艺术，许多名牌产品的设计中也开始接受和融合涂鸦元素，比如：服饰设计、运动装备、甚至室内装修。涂鸦正在展示着它特有的美丽，同时也给涂鸦者们带来可观的经济收入使他们能更好地坚持自己的爱好，实现自己的梦想。

涂鸦正在成为中国时尚青年的一种口号和回归自我的一种方式，而存在于网络和现实之中，存在于服装和滑板乃至家居产品之上。它不再是肤浅而空洞的时髦游戏，而是属于每个追求品味生活的人的彩色梦想。

海量拍客

现如今，当你点开网页，进入各大视频网站时，你会发现海量的视频作品，这些作品并没有在专业的指导下进行拍摄，但是，这些作品的内容从社会现实到百姓民生，从人文历史到娱乐休闲，当下社会中能想到的社会的角角落落在这里基本都有反映，因而广受人们的关注。在这些作品之后，隐藏着的是一群不为人所知，但却用其善于发现的眼光关注着这个社会的人群，他们就是拍客。

拍客，用最简单的定义就是非专业的摄影爱好者，他们没有年龄和身份的限制，只要有一部能够记录发生在你身边的点点滴滴的手机、摄像机抑或是数码摄像机，就可以成为一名拍客。由于拍客是和互联网的发展紧密联系在一起的，因此随着互联网的更新，拍客的内涵也在发生着变化。

在传统的互联网图文时代，拍客仅仅是指用各类相机、手机和数码设备拍摄图文影像的人群，他们用一双善于观察的眼睛随时随地将自己身边发生的故事以图文的方式保存下来，通过彩信或是电子邮件，和其他人一起分享。但是随着2006年中国视频元年的到来，拍客的含义也变得丰富起来，开始由原来的图文影像转变到了视频影像。他们用比之前更为生动的方式对社会生活、热点事件进行独到的记录，然后再发布到网上与大家一起分享。可以说视频拍客的出现，是一种全新的社会流行文化的代表，逐渐成为时下中国人不断追逐的一种新时尚。

拍客不分年龄，不分职业，也不需要特别高的专业技巧，但是成为拍客的人都要具备社会责任感、爱心、公信力以及积极的、负责的社会态度，能够以自己独到的眼光来记录身边的点滴，表达自己对这个世界、社会的看法。因此，对于那些只为"作秀"而拍摄视频公布到网上的人群，用拍客一词来定义，还是值得商榷的。

拍客对身边的奇闻异事、突发事件以及社会民生等进行记录，这些作品分享到网上之后往往能在很短的时间内，在社会中产生巨大的反响和共鸣。在互联网时代，信息的传递速度是以前的千倍甚至万倍，中国乃至世界某一个角落发生一件事，往往很快就能为遥远地方的人群所熟知。但是信息的传播是以其公布为起始的，而拍客在他们的领域内，承担着信息发布和共享的责任。通过拍客们随时拍摄的各种视频，我们能了解到很多以前无法获知的或是知之不全的现象和内幕。对于奇闻异事我们能够付之一笑，抑或是大为惊叹；对于社会现状的揭示，我们亦能够感同身受；而对于突发事件，我们或是庆幸或是为之可惜。总之，这些拍客所记录下来的点滴总是能够牵动我们心中某一根心弦，让我们为之共鸣。

当今中国，拍客不断涌现，其中比较具有代表性的拍客有"芝麻拍客"、"点石拍客"等。

"芝麻拍客"，本名刘元祥，职业是平面设计师，他自称为"人体移动探头"，喜欢用小到手机、大到专业摄像机进行视频拍摄，记录生活中的芝麻小事。对于刘元祥而言，成为拍客以来，让他感到最为自豪的一件事当属是在 2007 年 10 月 24 日“嫦娥一号”发射现场，他是唯一一名以“拍客”身份与其他众多媒体在发射现场进行拍摄的个人。

刘元祥是一名拍客，但是他坚持自己的原则，即绝不偷拍。他拍摄的作品，都是出于被拍者的自愿。他在拍摄前或者拍摄时都会与对方进行沟通，一旦对方不同意就立即停止，因此在他两年的“拍客”生涯中遭到拒绝的比例只有不到 1%。“芝麻拍客”关注社会弱势群体与有志青年，一些弱势群体通过他的视频得到了社会人士的帮助。其中的《中国阿甘》便是一个代表。《中国阿甘》记录的是一位名叫郑心意的 28 岁小伙子，因幼时得了扭转性痉挛，胳膊不能正常弯曲，身体侧向一边，他虽然无法像普通人一样正常说话，却有着坚定不移的精神和意志，在刘元祥的镜头前，郑心意整整穿了两分半时间的衣服，但始终没让他帮忙。真实反映这样一位身残志坚的残疾人在生活中艰难挣扎的视频一发布立刻打动了一群人，不仅仅是因为他的遭遇，更是因为他的意志。这段视频在网上引起了极大的反响，也激励了一些原本意志消沉的人。一名退伍军人因退伍安置不到位，产生了厌世的情绪，但是在看了《中国阿甘》以后，他豁然开朗：“原来四肢健全、身体健康是一件多么幸福的事，可我一直都忽视了这种幸福感。”

“点石拍客”是一个创意团队，由非常阿任、非常宗伟以及拍客非我组成，侧重于网络文化的推广。2008 年 12 月 20 日，“点石拍客”在西单地下通道录下了西单女孩任月丽的《天使的翅膀》，并于 25 日传播于网上，一时间感动了许多人。

这些拍客们用最为真实的方式来捕捉他们想要表达的东西，而不是借助技巧和制作，因为最为直观的感受就是最有力的说服。通过客观的镜头，许多实际存在却不为我们所重视的但又十分重要的问题引起了我们的关注。就拍客自身而言，捕捉生活的点点滴滴，能够让他们自由地去表达自己，寻找能够一起共鸣的朋友。也许他们并不认识，但他们有着共同的理想，也担负着共同的责任，那就是社会中还有许多不为人知的故事需要他们发掘。

拍客的出现，是这个社会互联网技术发展的结果，也是人们对这个社会关注加深的结果。拍客的盛行不同于其他时尚元素，更多的是体现了越来越多的人对这个社会的关注，对自身所处世界了解的加深，而不是人对时尚之风的盲从。

当代绘画

改革开放后，政治对艺术创作的禁锢逐渐消除，创作的对象也不再局限于工农兵。老中青几代画家解放思想、艺术创新，中国绘画艺术进入一个百花齐放的春天。一些著名画家的作品以其独具魅力的艺术价值，被艺术界所接受并将中国绘画艺术推向国际。

吴冠中，中国当代著名画家、美术教育家。在他的绘画作品中，人们既可以欣赏到欧洲油画的直观生动、色彩的丰富细腻，又可以体会中国传统绘画点、线、面融合的艺术。

吴冠中画作

东方传统意趣与时代特征相结合，令观者耳目一新，代表作有《长江三峡》、《北国风光》、《小鸟天堂》、《黄山松》、《鲁迅的故乡》、《春雪》、《狮子林》及《长城》等。

陈逸飞，著名油画家、文化实业家，陈逸飞以“大美术”的理念，在电影、服饰、环境设计等诸多方面都取得了不俗成绩。欣赏陈逸飞油画作品，人们常常被画面上弥漫的宁静和平所深深陶醉，西方写实主义中渗透着中国传统的美感。无论江南水乡风景，还是生动传神的女子肖像，无不体现画家的艺术追求，即运用西方的技巧，赋予作品中国的精神，代表作有《浔阳遗韵》、《罂粟花》、《西厢待月》、《山地风》、《藏族人家》、《山人》、《神庙》。

陈逸飞画作

范曾作画主张用石涛“一画论”之精义，长于白描，追求天籁之境，尤其擅长人物写意。范曾深厚的文化底蕴，为其绘画增添了不俗的艺术气质。他用白描手法创作的历史人物，形神兼备、清新自然，一幅幅、一幕幕，仿佛使人回到了古代社会。范曾作品，行笔洒脱、飘逸，尤其讲究线的变化、顿挫，独具风骨。范曾近年倡导“回归古典、回归自然”的艺术道路，在理论和实践两方面身体力行，做了大量有意义的工作，在艺术界引起很大的反响。其代表作品有《华陀望断图》、《酒酣扬意跨神》、《画龙点睛》、《竹林七贤》等。

范曾画作

陈忠志早期受岭南画派关山月、黎雄才的影响，后来受长安画派代表人物赵望云、石鲁等人艺术的感染，加上他在黄土高原的生活体验，逐渐形成独特的艺术面貌。陈忠志擅长人物，也画花鸟山水。他的人物画的一大特点，是有浓郁的中华民族气质。作为一位谙熟中国画传统的画家，他既掌握了写意文入画的技巧，又对汉唐传统绘画有很深研究，把文人画笔墨的放纵、简练运用到现代人物的创造中。陈忠志的人物画作品的另一大特色是兼有中西之长，将传统和西画完美地结合起来。

黄永玉，被誉为“中国国画的大师级人物”，他自幼便外出体验生活，

陈忠志画作

在社会中汲取创作的灵感。年轻时便以线条粗犷、刀法奔放的版画赢得赞誉，后来又自成一家，以其国画闻名于世。他的画蕴含哲理，墨笔勾勒出的形象闪烁着人生的睿智，洒脱大气，独具一格。

黄永玉画作

蒙太奇式的中国映画

那时记忆

1980 年，第一部国产爱情片《庐山恋》上映。

1988 年，《红高粱》上映，中国电影开始走向世界。

2011 年，第一届北京国际电影节在北京举行。

电影艺术与时代紧密联系在一起。改革开放之后，新一代的电影人开始接受西方的哲学、美学思潮，以新的艺术手法表现中华民族的历史与文化，大胆的揭示人性与情感，走出国门而被世界所接受。新世纪的中国电影类型日益多元、票房收入过亿的影片已不罕见，明星更是熠熠生辉，中国电影已成为国家形象的重要代表，人们期待中国电影人能够创作出具有中国内涵的大片并被世界所欣赏。

《庐山恋》——中国电影的初吻

一部电影反映一个时代。

1980 年一部《庐山恋》着实在全中国引起了轰动。由于题材新颖，男女主要演员都很阳光、美丽，更加上女演员张瑜在影片中穿着当时最时髦的服装，引领了时尚，受到当时年轻人的热捧。

《庐山恋》所展示给年轻人的恋爱是美好的，除了漂亮的脸庞，时髦的服装，拥抱、亲吻等是那个年代的青年人无限向往却又不敢尝试的东西之外，激情、理想和爱情的烦恼也让那个时代的青年看到了生活的多重可能性。对于那些刚刚从噩梦一样的时代走出来的年轻人来说，实在是没有什么能比这部电影更富有诱惑和魅力了。

80年代的电影没有娱乐，没有搞笑，没有票房，更没有情色，然而《庐山恋》中蜻蜓点水的一小吻，却吻晕了全中国，震醒了全中国。《庐山恋》不仅完美地呈现出了庐山的景色，还创造了多个纪录，它是“文革”后国内首部表现爱情主题的电影，并且出现了当时罕见的吻戏；女主角张瑜片中的服装，换了43套，远远超过《花样年华》里张曼玉的26套旗袍；当年的新人张瑜也凭这部《庐山恋》成为上世纪八十年代观众心中的“梦中情人”，

《庐山恋》

并当选第一届金鸡奖和同年第四届百花奖的“双料影后”。

《庐山恋》大大提升了庐山在人们心目中的地位。为此，庐山风景区专门兴建了一座小型影院，每天从早到晚放映这部影片。“游庐山，看《庐山恋》”，成为庐山多年来一个固定的旅游项目。据统计，到1999年，《庐山恋》已在这家电影院里放映了6300余场，其票价也从最初的三毛钱变成了今天的30元。2002年12月12日，世界吉尼斯英国总部正式授予中国电影《庐山恋》“世界上在同一影院连续放映时间最长的电影”的吉尼斯世界纪录。这是第一部创造了世界吉尼斯纪录的中国电影，到目前为止，也是唯一的一部。

第五代中国导演

“第五代导演”在中国电影界是一个特定称谓，特指以张艺谋、陈凯歌为代表的改革开放初期出现的一批新锐导演群体。他们中间的大部分人于20世纪80年代从北京电影学院毕业，可以说，这一批人都经历过文革的浩劫，深刻体会了中国基层社会生活，因此当他们重返校园系统学习电影专业知识后产生了强烈的艺术创作动力，而当时流行的西方哲学、美学思潮对他们也产生了重大影响。在他们的作品中，民族文化历史和民族心理的重构是影片的主题。正如陈凯歌所言：“我们的感情是深挚而复杂的，难以用言语一丝一缕地表述清楚。它是一种思前想后而产生的又悲又喜的情绪，是一种纵横古今的历史感和责任感，是一种对未来的希望和信念……我渴望能够通过自己的作品，使这种信念和情感得以抒发。”

第五代导演的发轫之作是张军钊1983年在广西厂率先拍摄的《一个和八个》，而第五代电影导演的崛起被认为是以影片《黄土地》为标志。代表作有陈凯歌的《黄土地》、《霸王别姬》；张艺谋的《红高粱》、《活着》、《英雄》；冯小刚的《甲方乙方》、《不见不散》、《集结号》、《非诚勿扰》、《唐山大地震》；田壮壮的《猎场扎撒》、《盗马贼》、《蓝风筝》；吴子牛的《喋血黑谷》、《晚钟》等。

在第五代导演群体中，张艺谋无疑是一个具有代表性的人物，而他的影片《红高粱》则是其艺术生涯的开山之作，成为中国电影走向世界的标志性作品。影片的主题是赞美生命，整部影片在一种神秘的色彩中歌颂了人性与蓬勃旺盛的生命力。张艺谋掀起的红色风暴征服了中国观众，也征服了世界。《红高粱》屡获好评，共获得国内外数十项大奖，并在 1988 年获第三十八届西柏林国际电影节最佳故事片金熊奖，这是中国人第一次拿到国际性大奖。

《红高粱》

在中国内地第五代导演集体崛起的同时，以徐克、许鞍华、严浩为代表的港台导演作品也受到海内外的关注。这些导演都在国外接受过专业电影教育，再加上当时港台社会渐趋富裕，对电影娱乐的需求大量增加，遂出现了一大群电影人以新的、社会现实的角度去拍摄电影，展示导演对社会的体察。以许鞍华为例，她大学时专修比较文学和英国文学，这使得她能更好地把握历史感，理解人物性格，对严肃社会题材驾轻就熟，其代表作《投奔怒海》故事有条不紊、层次分明，而且负载深重社会、历史责任感。

进入新时期，电影院越来越豪华，人们越来越追求更高水平的视觉享受，去影院观看 I-MAX 巨幕和 3D 的电影成为时尚。商业让电影的时尚性日渐增加，光电声画的结合，使人们在现实与虚幻中充实自己的精神生活。电影将影像中的时尚传递给现实中的人们，其中的时尚元素和时尚理念对人们的生活产生潜移默化的影响，荧幕上明星的形象总是向观众说明时尚的所在，而嵌入式的广告更是对人们时尚潮流的指示。电影是大众艺术，是文化的载体。电影承载时尚，同时又引领时尚。

乐由心生，心随乐动

那时记忆

1988 年，《黄土高坡》在中国青年歌手大赛唱响民族风。

2000 年，中国第一个原创音乐节——迷笛音乐节在京举行。

音乐是时尚的，古今中外历来如是。在中国古代音乐已经是一种非常时尚的元素，是君子社交的礼仪之一。关于音乐的定义人们早有定论，但是现在音乐的含义已经不再那么单一，音乐在人们的生活里无处不在，而且还在不断的发展变化，音乐让人们在娱乐的同时感受时尚。

音乐不是以说教的形式来传播的，而是通过熏陶及感染的方式，来使听者和演奏者产生共鸣，潜移默化地来影响他们的心灵，从而使他们能够体会到演奏者的心境。音乐与人的生活情趣、审美情趣、言语、行为、人际关系等，都有一定的关联。故而音乐的高雅与低俗与否，对人们的影响是大不相同的。音乐是人们抒发感情、表现感情、寄托感情的艺术，不论是唱、奏，都蕴含着人们的情感和心境。因为音与音之间连接或重叠，产生了高低、疏密、强弱、浓淡、明暗等效果，潜移默化中跟人的生理上的规律震动产生了一定的共鸣，再加上音乐所渲染的场景对人的心理，往往会起着不能用言语所能形容的影响和作用。

西北风掀起音乐摇滚

西北风创造了上个世纪八十年代中国歌坛的一个辉煌纪录。是大陆原创歌曲前所未有的发展高峰，其作品风格多以内陆西北地区传统文化为根基，歌唱黄土情结。

由于深厚的民族文化内涵，加之摇滚节奏的配乐，摇滚或流行歌手的现代唱法等处理演绎，使西北风歌曲成为家喻户晓风靡海内外的流行风潮。其中以范琳琳的《我热恋的故乡》、《黄土高坡》，杭天琪的《信天游》，胡月的《走西口》，那英的《山沟沟》最为突出。虽然过去许多年，这些经典的西北风歌曲依然为广大歌迷深深喜爱和传唱。让我们记住那激情燃烧的年代和给我们心灵震撼的歌曲。

中国最流行的音乐还是摇滚，中国的摇滚音乐吸收了黑人音乐的很多元素，其中 funk、hip-hop 等技巧在中国摇滚里得到很好的运用，随着科技的发展 Drum&Bass 也开始在中国音乐里扮演重要的角色。这种以贝斯和鼓为主要乐器的电子音乐虽然单调但仍然不会让人感到疏远，中国摇滚同时又融合了很多中国传统音乐的元素。喜爱摇滚的人们希望通过音乐来诉说他们的生活和理想，他们并不是一般意义上的追星族。摇滚之于中国的年轻人已经成为一种文化。中国摇滚乐吸收传统文化和民俗文化，是对现代性反叛和对前现代的追溯。摇滚表现出越来越多的历史感和农民感，唐朝乐队的诞生及其作品《梦回唐朝》以及将摇滚带给中国人，将西北风情融入摇滚，并形成自己风格的“中国摇滚之父”崔健的《农村包围城市》便表现出现代社会生活和文明的反叛，似乎在摇滚中才能找到亲切的文化之源和精神的归宿，中国情结与摇滚音乐有了一种意识层面的沟通。摇滚总是带着些许的理想主义，它也总是有着比

崔健

现实的愤怒更深的气势。

摇滚在中国经过几年的低潮之后再次复苏，摇滚乐队异常活跃，摇滚音乐的演出越来越频繁，对于时代的感悟再次让人们在摇滚中找到慰藉。2002年按照国际惯例和运作模式，丽江雪山音乐节让人们在长达二十多个小时的连续演出和雪山万人狂欢活动中体会到了摇滚音乐本色的回归。2004年在北京，一场题为“谁在春天里歌唱”大型摇滚音乐节创造了中国摇滚乐历史上乐队数量最多的一次演出，北京的所有摇滚演出地集体打造的这场音乐盛宴，以循环演出的形式开展，吸引了数以万计的摇滚爱好者。同一年，一万多名摇滚迷身背帐篷、军用水壶、望远镜喝着啤酒奔赴贺兰山参加“中国摇滚的光辉道路”摇滚音乐节，活动三天就带来了100万元的利润，数字告诉我们中国的摇滚迷正在以前所未有的热情迎接再一次的摇滚大潮。去年八月备受期待的“827怒放，摇滚英雄演唱会”如期在北京工人体育场举行，中国摇滚的代表人物纷纷登场，崔健、郑钧、汪峰、许巍、朴树、何勇、张楚、唐朝、齐秦、信、黑豹、黄家强、爽子以及各路摇滚英雄相继献艺，中国摇滚达到了另一个高峰。

流行音乐刮起中国风

流行音乐一词并非国产，而是根据英文单词popular music翻译过来的。一般而言，所谓流行音乐，是指那些内容通俗、结构短小、形式活泼，容易被广大群众所接受，并广泛传唱，流行一时的器乐曲和歌曲。这些乐曲和歌曲，因为是以广大群众的喜好为基准，并在其内流行，因此又有“大众音乐”之称。但是，在这就存在一个问题，以流行与否来判定会将那些不属于流行音乐性质的、但却被一代人广泛传诵的歌曲打上流行歌曲的印记。而原本就是以流行为目的的歌曲，可能由于某些原因而没有传播开来，而只在少部分人之众流传，这也造成了将其从流行音乐中摒除出去的可能。显然，流行音乐不一定都流行，流行的音乐也不只是流行音乐。

流行音乐最早传入中国是在上世纪20年代，上海成为流行音乐的盛行之地，当时的“百乐门”有着东方第一乐府之称。而传入中国的流行音乐也开始出现了自己的风格，那就是民间旋律和西洋舞曲相结合。随着社会的不断发展，西洋元素和中国元素也不断结合，中国也出现了许多各种风格的歌手，有的是直接依照欧美的流行歌曲的风格，有的则是融入中国元素，形成了中国风的流行音乐。

90年代，拉丁乐和重金属乐在中国流行开来，迈克·杰克逊等欧美流行歌手的演唱风格深深地影响着中国人。而中国在欧美风格的流行音乐上也出现了许多人才。“四大天王”之一的张学友，可以说是一个难得的多面手，会多种演唱风格。上世纪90年代中期，张学友发行的唱片《吻别》，其全球销量仅次于当时的著名流行歌手迈克·杰克逊，位列世界第二，因而被华语乐坛封为“歌神”。此外，庾澄庆也是一位能够演唱多种风格的杰出歌手，其作品既有乡村风格的《情非得已》，又有蓝调的《流水年华》，以及爵士的《老实情歌》和拉丁风格的《我最摇摆》。

进入21世纪，中国流行音乐得到了进一步发展，不仅在欧美的演唱风格上出现了许多极具实力的乐团和歌手，例如谷峰在爵士乐上很有造诣；而蟑螂合唱团则是偏向于80年代的欧美合唱团的演唱风格；陶喆的蓝调风格也是颇受欢迎。而且，随着中国元素的加入，复合式的演唱风格和新式的演唱风格也开始出现。动力火车的台湾民歌色彩的演唱风格明显是将欧美流行音乐的曲风和自身的特点结合在一起所创造出来的风格。

另外值得注意的是，在流行音乐的派别中出现了“中国风”的音乐流派。中国风指的是在流行音乐中加入中国古代一些典故作为创作背景，用现代的音乐唱出古典的味道，唱法多样，而且曲风偏向传统的东方演奏，并加入一些东方乐器，通曲音调婉转，回环，有一种东方传统的美感。

中国风的特点是三古三新，即古辞赋、古文化、古旋律、新唱法、新编曲、新概念。也就是说，中国风利用的是中国独特的乐种，在歌词中赋予中国文化的内涵，同时辅以新式的唱法和编曲技巧来将怀旧的背景和当代的节奏紧密结合在一起。因此，中国风的音乐往往带有忧愁、含蓄、幽雅、轻快等风格。

中国风的分水岭是《东风破》。2003年，周杰伦在其专辑《叶惠美》中发行了《东风破》，它完全是按照三古三新进行的，而此前其他作品都只是在不断接近这个标准。《东风破》从此奠定了中国风的基础，是中国风音乐中最标准、最完整的代表。仿古的曲调，加上二胡和琵琶，让人宛如进入了一个真正的古典社会，聆听那最为美妙的声音。此后，周杰伦的作品中也不断出现中国风的杰作，2005年的《发如雪》，哀怨婉约，忧伤气息由内而发；2006年的《千里之外》，感伤之意成为整首曲子的主旋律；同年的《菊花台》亦是表达出凄凉婉转之意；2008年的《青花瓷》，委婉清新，一幅宁静的江南小镇的画面油然而生；2010年的《烟花易冷》，则是对凄美爱情的描述。

此外，王力宏的中国风也是中国流行音乐的一大特色。他不仅将古音律中的宫、商、角、徵、羽巧妙地融入自己的音乐中，而且融合了东西方之长，创立了中国式的嘻哈音乐，在表现出了中国的特色的同时让西方人也能清晰地把握歌曲意境。这是一种无国界音乐的代表。此外，王力宏还将昆曲和流行音乐结合起来，在让人们接受流行音乐的同时也使得昆曲传播开来。此类的代表有《在梅边》、《花田错》、《盖世英雄》。

民族音乐

在流行音乐风靡中国的时候，民族音乐也在蓬勃发展着，其被人重视的程度不输于流行音乐。

民族音乐是指用中国传统乐器以独奏、合奏形式演奏的民间传统音乐。先秦时期民间流行吹笙、吹竽、鼓瑟、弹琴等器乐演奏形式，秦汉时的鼓吹乐，魏晋的清商乐，隋唐时的琵琶音乐，宋代的细乐、清乐，元明清时的十番锣鼓、弦索等，演奏形式丰富多样。而现今的各种民族音乐基本都是对这些传统的演奏形式的继承和发展。

民族音乐分为五大类：歌曲、歌舞音乐、说唱音乐、戏曲音乐和器乐。每类音乐又各有多种体裁、形式、乐种和作品，但总的来说，前四种都是属于声乐的范畴。而民族器乐因为用于演奏的乐器的多样性，致使其具有独特而丰富的艺术表现力。乐器既可以独奏，也可以由不同的乐器进行组合，产生不同的曲目和演奏风格，进而形成多种多样的器乐乐种。

各种乐器的独奏乐是民族器乐的重要组成部分。比较出名的独奏曲有：琴曲《广陵散》、《梅花三弄》；筝曲《渔舟唱晚》、《寒鸦戏水》；琵琶曲《十面埋伏》、《夕阳箫鼓》；唢呐曲《百鸟朝凤》、《小开门》；

二胡曲《二泉映月》；笛曲《五梆子》、《鹧鸪飞》等。由各种弦乐器合奏的弦索乐，适宜于室内演奏，以其优美、抒情、质朴、文雅的曲风感召着听众，如《十六板》、《高山》、《流水》等。由吹管乐器与弦乐器合奏的丝竹乐，演奏风格细致、轻快活泼，如《三六》、《行街》、《雨打芭蕉》、《走马》、《八骏马》、《梅花操》等。由吹管乐器和打击乐器合奏的吹打乐，演奏风格粗犷，但却热烈欢快，如《将军令》、《大辕门》、《普天乐》、《双咬鹅》。

民族音乐在声乐和器乐中都涌现过很多杰出的人才，其中比较有代表的是王洛宾。

王洛宾有“西部歌王”之美称，他的歌曲以优美、舒展见长，极具民族风格的曲风深受群众喜爱。他的作品主要有《康定情歌》、《半个月亮爬上来》、《玛依拉》、《在那遥远的地方》、《阿拉木汗》、《亚克西》、《达坂城的姑娘》、《萨拉姆毛主席》。这些歌曲在中国基本都是家喻户晓的，其中有多首歌曲被编入大学声乐教材。王洛宾先生以搜集、整理、创作西部民歌著称于世，他的《在那遥远的地方》、《半个月亮爬上来》被誉为“二十世纪华人经典音乐作品”。他是在联合国高唱民族歌曲的第一位中国人。他荣获了联合国教科文组织为第一位华人音乐家颁发的“东西方文化交流特别贡献奖”。

时下最流行的音乐乐团当属女子十二乐坊，最初只有十二人，后又增加一名艺人，但名字未变。十三钗身着古典长裙，手伴琵琶、古筝等中国乐器，传统的中国音乐在这里以最流行的表演形式展现出来，民族器乐与流行音乐实现完美结合。十二乐坊成员均毕业于专业音乐院校，十二乐坊以其专业的素养和对音乐的执著得到了国内和国际的认可，在首届中国轻音乐学会奖的评选中，获得六项提名奖，并最终获得其中五项大奖，获得

女子十二乐坊

2003 年度日本唱片大奖、销量大奖、杰出艺人奖等。

音乐是每个时代必备的产物，每一个时代，因其所处的时代背景和文化心理的差异，音乐风格也有所不同。中国的流行音乐，光看其名，便知这是当下的一种时尚元素，但这种时尚元素中更多的是体现了中国元素的复兴，中国风的形成则正是如此。而对于民族音乐而言，主要是对传统的音乐的继承，也可以说是对中国元素的彻彻底底的恢复。

草根艺术：相声、二人转

那时记忆

1995 年，德云社在北京成立。

2003 年，第一家“刘老根大舞台”剧场在沈阳市中街正式开业。

2008 年，“嘻哈包袱铺”在北京成立。

“天桥听相声”

天桥是北京百姓平时找乐儿最好的去处，也是现在相声剧场的聚集地。这里有很多的曲艺场所，又汇集了很多的小物件。它位于前门外，东经路以东、天坛西坛以西、永安路与曙光路以南、南纬路以北。元明清三代时这里是一片水洼，其中修了一座汉白玉石桥，作为皇帝祭天大礼的必经之路，天桥便由此得名，石桥附近的区域便也被称为天桥了。天桥长期作为北京城的娱乐场所，后来在这里表演的艺人便被称为“天桥儿”。现在的天桥是新中国成立以后重新整治之后的样子。

相声是一种中国曲艺表演艺术，源自中国北方的说唱曲艺，是一种以声音为主的艺术。相声在明朝就已盛行，后经清朝时期的发展，到民国初年，便由口技表演发展为单口笑话，后成型为包括单口相声、对口相声、群口相声的成熟艺术形式。相声的可贵之处在于其针砭时弊，反映百姓生活，

马三立、王凤山

相声的发展本身也是起于民间，源自社会下层，相声可以说是不折不扣的草根文化。

传统相声

传统相声讲求：说、学、逗、唱。说，即是叙说笑话、打灯谜和绕口令等。学，即学唱，学唱内容包罗万象，可谓阳春白雪，下里巴人，雅俗兼修。逗，是指互相抓哏逗笑。哏，作为曲艺表现中的笑料，穿插在表演之中，内容灵活多变，是相声演艺的出彩儿之处。唱，唱太平歌词是相声的基本唱功。太平歌词由中国传统曲艺莲花落发展而来，流行于北京。天平歌词传统曲目如《太公卖面》、《秦琼观阵》、《韩信算卦》、《单刀会》、《百家姓》等传唱至今。

上世纪80年代，经历了“文化大革命”的中国相声进入新的发展时期，相声经典再度出现在人们的生活当中。其中，马三立、王凤山两位先生将《西江月》、《文章会》、《开粥厂》、《卖挂票》等众多拿手绝活再度搬上舞台。马三立先生更是在无人捧哏的情况下，积毕生之功，编创表演了一系列脍炙人口的单口小段：《逗你玩》、《家传秘方》、《检查卫生》、《八十一层楼》、《追》等。这些小段一方面融合了传统相声讽刺、幽默的固有特点，一方面又带有马派相声的特色，有着浓郁的市井气息，因此，一经推出，历久不衰，形成马三立艺术创作上的另一高峰。

德云社

时至今日最流行的传统相声社团和最著名的“非著名相声演员”是德云社和郭德纲。2005年郭德纲从名不见经传到一夜之间红遍中国，同时也带来了传统相声发展的暖春。北京城宣武区，天坛西北角，自然博物馆正门，一条小街，一座中国古式传统建筑，这便是北京德云社天桥乐剧场，招牌不大，却家喻户晓。在这里，古式建筑的剧场、八仙桌、茶碗、干果、叫好……这一传统的景象得以再现。德云社成立于1995年，其表演以中国传统相声为主，致力于说“真正的相声”，“让相声回归剧场”。越来越多的年轻人把自己称为“纲丝”，更有甚者自称为“不锈钢丝”，以表达他们对郭德纲及以其为代表的中国传统相声的喜爱。而郭德纲更是成立网上“相声公社”，开通新浪博客，展开网络攻势，聚拢人群，网络这一传媒新势力亦成为相声发展的稳固平台。“让相声回归剧场”，坚持特色方能成为时尚，这也真正成为相声的出路。

当代相声

文艺解禁之后，随着社会的进步使得相声的形式发生变化，产生了有别传统相声的当代相声，相声逐渐走出剧场，出现在电视荧屏中，演员多着西装、中山装上台。新演员涌现，各种内容和形式上崭新的相声段子不断登台。无论歌颂娱乐型还是针砭时弊性的段子如雨后春笋，马季先生的《宇宙牌香烟》、《五官争功》、《打电话》等，姜昆《虎口遐想》、《老奶奶看排球》、《如此照相》、《特大新闻》等，李文华《醉酒》、《打针》、《夸家乡》等都深受大众的欢迎。

新时代新相声

80后新相声在2008年成名于北京。就在广茗阁，一群志同道合的80后年轻人聚在一起，开始了全新的探索，他们演出老段子，又不忘加入新的时代元素，他们创作新作品，推出新的相声剧，他们把流行的网络语言，热门事件，搞笑元素融合一起，有着强烈的时代感，引起了80后的群体共鸣，而这些段子，都是在嘻哈包袱铺成员嘻哈打闹的过程中产生的，年轻时尚的相声演员，完全没有相声演员的面相，他们时尚新潮，在他们身上不见了长袍，代之以现代人的衬衫、休闲裤，甚至马甲，一身潮男装扮。他们的口号也新颖得打出“不卖火柴，不卖香烟，不卖车子，不卖房子，我们卖的是乐子”。但他们仍然能把握住相声的精髓，这帮 80 后年轻人，单纯的凭借自己对传统艺术的追求，为同龄人的生活增添了新的乐趣。有人说，生活的本质不是过得更好，而是在过得更好的路上欣赏风景。80 后正在渐渐承担社会的主要角色，昔日“祖国的花朵”正在成为支撑共和国天空的支柱，他们给社会带来的不仅仅是玩世不恭与叛逆，他们时尚，有朝气。嘻哈包袱铺，一群 80 后，说他们是相声演员，却又像街头嘻哈风格的毛头小子，他们便是中国时尚与传统相声的完美结合。他们尝试把相声变成为时尚，把相声演员变成时尚工作者。时下，年轻人如果没听过 80 后新相声，只能说是遗憾和对时尚的不敏感。新相声艺术工作者的作为正是要把年轻人带到茶馆儿、剧院听相声，感受时尚相声的魅力。在他们的观念里相声不再是一门传统艺术，而是时尚流行文化。嘻哈包袱铺班主高晓攀说：“我要的不是流行音乐般的火爆一时，相声还是要一种经典流传，我不要当艺人，我要当艺术家。我们要火得从容，要让能耐压着名声走，不能让名声压着能耐走。”

外国人说相声

中国传统相声的复苏还引来很多外国朋友加入，在中国不仅听相声成为时尚，说相声也在成为时尚，人们不再认为，相声是低俗文化，说相声是没出路的行当。外国人来中国多数都是因为喜欢中国的文化，而中国文化里最引人注意的当属曲艺。外国人来到中国无论是经商还是留学，首要的任务便是学习汉语，相声是中国众多曲艺艺术里“说”得最多的一门，而且语种数京口最为好听，跟普通话最为接近，最重要一点，相声要求相声演员必须吐字清晰，因为相声在剧场表演，主要以说唱为主，没有化妆（双簧除外），没有过多的肢体语言，为了保证演出效果，要求相声演员必须保证剧场每一个角落的人都能听清每一句说词。所以说相声是学汉语最好的一个选择，既能学习中国艺术，又能很好的学习汉语。近些年越来越多的外国面孔说起了中国的相声，成为有名的相声演员，比如：大山、卡尔罗等。他们不仅能说一口地道的中国话，而且对中国文化也有相当程度地了解。相声是一门综合性很强的艺术，除了讲求说、学、逗、唱四门基本功课，熟练地掌握语言技巧，最重要的是，要对中国文化有很深的了解，诸如，历史、城市、民俗甚至政治等各方面。这些也正是相声吸引国外朋友兴趣的地方。

听相声成为时尚，是因为相声正日益成为传统与现代的集合，时尚的现实生活，成为传统相声的素材，相声开始更直接地反映和贴近生活，寓教于乐。相声的时尚之处就在于，其题材来源于生活，语言也多生活化，现代的传统相声，正是抓住人们的时尚生活，适应了当代人的品位。当代相声不是艺术复古，抛开其形式与内容，当代相声与传统相声根本上是一致的，就是抓生活热点，以流行华语，道百姓心声。正所谓“没有君子不养艺人”，君子，博学德高者也，中国传统相声能有而今的繁荣景象也正体现了中国人文化素养的回归与升华。中国人喜欢怀旧，中国人感性，对于经典传统文化，中国人引以为自豪。当喧嚣的都市生活不再那么悠闲，物质欲望剥夺了我们寻找生活的快乐，建议您不妨走进茶馆儿听听相声，这里有一种惬意的时尚。

二人转

同样作为草根文化的二人转，也受到了人们的追捧。尤其在东北地区，城市里兴起了很多观看二人转的剧场，二人转和二人转演员更是在全国掀起了东北话的热潮。绿色二人转给人们的生活平添许多绿色的快乐。

康雍乾盛世过后，清朝国力日衰，外敌入侵，“封关”政策名存实亡，清后期和民国初年出现“闯关东”大潮，大批山东、河北人进入东北，“秧歌打底，莲花落镶边”的二人转便应运而生。二人转又称过口、双条边曲、风柳、春歌、半班戏、东北地方戏等。二人转属走唱类曲艺，是在东北大秧歌的基础上，吸取了河北的莲花落，并增加了舞蹈、身段、走场等演变而成，一男一女，一丑一旦，身着鲜艳的服饰，手拿扇子、手绢，边走边唱边舞，唱腔高亢粗犷，唱词诙谐风趣。

二人转的传统剧目有三百多个，其中影响较大的有《蓝桥》、《西厢》、《包公赔情》、《杨八姐游春》等双玩意儿；有《王二姐思夫》、《红月娥做梦》、

二人转

《丁郎寻父》等单出头；还有《回杯记》、《锯大缸》、《寒江》、《拉马》、《二大妈探病》等拉场戏；小帽《小拜年》等。

二人转曾形成四个流派。东路吉林市，舞彩棒，有武打成分。西路黑山县，受河北莲花落影响，讲究板头。南路营口，受大秧歌影响，歌舞并重。北路北大荒，受当地民歌影响，唱腔优美。曾有“南靠浪，北靠唱，西讲板头，东要棒”的谚语。后来各流派取长补短，互相融合，形成了今天的二人转。二人转植根于民间文化，表演台词具有浓厚的乡村特色，东北有“宁舍一顿饭，不舍二人转”之说。俗、色、酸是其最大特点，著名演员赵本山推出绿色版本之后始得以上台面。二人转最早流行于辽宁、吉林、黑龙江三省和内蒙古东部地区。随着绿色二人转和二人转演员的努力，绿色二人转成为了全中国的开心果。

二人转演员出身的赵本山以喜剧小品取得了国内无人能及的地位后，开始极力推广二人转。以“刘老根大舞台”为代表的一些演出团体和剧场相继出现。但是现在我们能看到的二人转演出已经看不到传统的剧目和演出形式。绿色二人转已经发展为集忽悠、说笑、模仿秀、杂技表演为一体的表演形式。传统二人转中的表演形式、曲牌、曲调、典目都被打破。二人转最重要的还是以它贴近百姓生活的题材和传统的艺术表现形式抓住了人们的兴趣，而人们对于“绿色二人转”的诉求也可见人们追求生活质量的愿望。

建筑篇

建筑是一种永恒的时尚。从古至今，有多少王朝与帝国灰飞烟灭，而其古老的建筑却依然留存人间。建筑具有一种无声的语言，它默默地向人们倾诉着一个时代、一个民族的文化修养与气质底蕴。伴随着中国现代化、城市化的飞速发展，中国人的居住条件和观念发生了巨变，一座座时尚建筑也拔地而起，彰显着正在崛起的中国经济和中国力量。快速扩张的城市与日益缩小的村庄也在提醒着人们，如何在传统与现代之间寻求平衡，如何能留存中国特有的建筑理念、哲学世界和中国观。

从筒子楼到大社区

那时记忆

1980 年 4 月，城镇居民个人可以购买房屋。

1998 年 7 月，开始全面停止住房实物分配，实行住房分配货币化。

2007 年 8 月，经济房、廉租房和限价房开始出现。

筒子楼里的一方天地

筒子楼又叫做兵营式建筑，它的面积狭小，每个单间大约有十几个平方米的面积，厨房和厕所都是公用的。筒子楼一般有三到六层高，没有电梯，横截面是狭长的条形，两端都有楼梯，因中间贯穿一条楼道犹如筒子形状而得名。

筒子楼是颇具中国特色的一种住房样式，是七八十年代中国企事业单位住房分配制度紧张的产物。这种造价低廉，可供多人居住的住房，最早是学生和单身工作人员的宿舍，再后来，因为住房紧张，很多家庭也加入进来，七八十年代，曾经有无数的中国人在筒子楼里结婚生子，奏鸣着锅碗瓢盆交响曲。

筒子楼里的居住条件很艰苦，过道长且窄，许多家庭因为屋内空间不够，就将杂物堆放在走廊上，还有因为公共厨房位置不够，就将自家的厨具安

筒子楼

放在走道里。电灯从来都是昏暗发黄的，在过道上行走，一不小心就会碰着张家的锅灶、刘家的水缸或者李家的自行车，甚至是王家刚洗完还在滴水的衣物。

公用的厨房空间很大，沿着厨房壁一圈都是炉灶，每一家都会有一个自己的灶。一到做饭的时间，进进出出的都是人，十分热闹。每天谁家吃什么也都不是秘密，做饭的人互相说说笑笑，家长里短，在厨房里唠得甚是火热。

筒子楼的厕所和洗澡间通常也是公用的，一层楼的十几户人家，每天都要为抢厕所和抢洗澡间发愁。尤其是时间紧张的早上，大人孩子都要上班上学，因此常常是一间公共厕所前排了好几个人。洗澡间则经常上演水漫金山的场面，冬天的时候，寒风呼啸穿堂过，水结成冰，走路都打滑。

筒子楼充满着人情气息，在还没有互联网的时代，那里是信息发布的场所，无论是政治风云还是社会趣闻都可以在走廊里听到。这里还是孩子们的天堂，邻里邻居的孩子玩闹成一团，最不缺的就是朋友和伙伴。

住在筒子楼里的人们，忍受着拥挤的条件，最大的居住梦想就是能够拥有一间独立的厕所和厨房，就这样等着盼着，盼来了住房制度改革。

福利房变成了商品房

1988 年是改革开放十周年，这一年，国务院召开了第一次全国住房制度改革工作会议，提出了分期分批推行住房制度改革的实施方案。

其实早在改革开放之初，国家就已经认识到计划经济体制下的分配住房制度存在着很大的弊端。计划经济时代的低租金的福利分房制度，使国家和企业解决职工的住房问题走上了一条发展缓慢的道路。“住房靠国家，分房靠等级”，房子面积分配大小根据家里人口数量。虽然国家投入巨资进行住房建设，但是仍然不能满足人民的需求。因此，改革开放以后，急需对存在几十年的福利分房制度进行改革，建立起符合市场经济的住房制度。

1988 年开始，经过了“提租补贴、租售结合、以租促售、配套改革”方案的试点实行，从根本上动摇了根深蒂固的住房福利观念、等级观念和消费观念，且分房的不正之风也得到基本解决，国家、企业和员工的利益关系得到调整，为全国住房改革提供了思路，因此第一轮房改开始实施。核心是实现住房商品化，也就是在增加公民工资的基础上提高房租，鼓励职工买房。

到 1998 年底，中国城镇住房制度发生了根本性的转变。国务院下发通知，停止住房实物分配，逐步实行住房分配货币化，商品房从此登上了历史舞台。中国的住房制度也从福利分配转变成为货币分配，即住房商品化。

在商品化住房的今天，在住房公积金和房贷金融的支撑下，可以用明天的钱来圆今天的住房梦。在这个过程中，人居的概念逐渐得到了重视。房子对于人来说，不再仅仅是吃饭、睡觉的地方，更多的要求是：舒适、环保。然而，在执行住房货币化改革的过程中，住房补贴的发放和群众对住房需求满足的程度还不能令人满意，住房不公平程度进一步扩大，并随着房价的飙升更加恶化。随之而来产生了一批跟房子有关的词汇：房贷、按揭、尾房和房地产泡沫，而最著名的词汇莫过于房奴。

所谓房奴，是指月供占家庭收入 50% 以上的房贷族。为了一圆安居梦，许多人背上了沉重的经济负担。在满足了当业主的愿望之后，不敢请假，不敢轻易换工作，不敢随意参加聚会，不敢出门旅游，甚至连生病都不敢。每个月的账单就像一把鞭子，抽在手上和心上。有人这样改编歌曲：“就这样被房子征服，贷款切断了所有退路。”不少年轻人因为实在负担不起，还拖上了父母一起还贷款，不情不愿地当上了啃老族。

房奴

新时期的保障房

当几十层的高楼拔地而起，联排别墅、高档社区相继诞生，精装的商品房，高昂的价格，让中低收入者无所适从，此时，政府扶持的社会保障房应运而生。保障房、廉租房成了最火热的词汇。

所谓的保障房，是指在价格上能够适应中低收入者，且建筑标准并不降低的房子。而廉租房类似于香港的廉租屋，只租不售，出租给城镇居民中的最低收入者。这两类住宅，都是在政府推进住房制度改革的过程中诞生的。现如今，保障房制度初见成效。然而面对依旧众多的住房困难人群，尤其是农民工住房问题，保障房制度虽然不是解决住房问题的最终办法，但它仍是中国房改历程中的一个里程碑。

保障房

国家形象

那时记忆

2008 年 1 月，“水立方”正式竣工。

2008 年 6 月，“鸟巢”正式竣工，准备迎接第二十九届奥运会。

2010 年 2 月，上海世博会中国国家馆正式竣工。

“鸟巢”

2006 年建成的国家体育中心“鸟巢”，是 2008 年北京奥运会的主会场，整个体育场结构的组件相互支撑，远望去，那网络状的构架像树枝编织的鸟巢，又像一个摇篮，盛放着奥林匹克燃烧的信念和梦想。

鸟巢

“鸟巢”的设计是2001年普利茨克奖获得者赫尔佐格、德梅隆和中国建筑师李兴刚等人共同合作完成的，它的形态如同孕育生命的巢，又像一个摇篮，寄托着人类对于未来的希望。

巧妙的设计使得“鸟巢”最大的特点是内部没有一根立柱，不仅扩大了看台上观众的视野，而且还让运动员充分感受到赛场上热烈的气氛。另外，设计师给“鸟巢”穿上了一件透明的“外衣”，晴天它就是一把遮阳伞，呵护着室内的草坪，雨天它还能挡风遮雨。夜晚，当彩灯齐放的时候，“鸟巢”绚丽多彩，美轮美奂，人们仿佛置身于仙境一般。

这座给北京和中国带来无比自豪，在奥利匹克历史上写下光辉一笔的国家体育场，也被归入2007年世界十大建筑奇迹之一。

许多看过“鸟巢”的人都对它的外形赞不绝口：从天空俯瞰，“鸟巢”给人以视觉的震撼；从内部审味，“鸟巢”则以诸多合理的设计而让人津津乐道。整个体育场的组件都是相互支撑，形成了网格状的构架，看上去就如同一个真正的树枝织成的鸟巢，它由灰色矿质的钢网构成，并且用透明的膜材料覆盖，内部包含了一个土红色的碗状体育场看台。在这里，中国的陶瓷艺术与现代建筑艺术完美地结合在一起，将“人文奥运”的精神诠释得淋漓尽致。

更为独到的设计是，“鸟巢”把整个体育场室外地形微微隆起，将很多附属设施置于地形下面，这样既避免了下挖土方所耗的巨大投资，又利用在室外广场的边缘缓缓降落的隆起的坡地，依势筑成热身场地的两千个露天座席，这样一来建筑与周围环境有机地融合，而且再次节省了投资。

“鸟巢”的建设完全体现了“绿色奥运”的精神，采用了我们国家自主研发的太阳能发电系统，在办好奥运会的同时也让环保的观念深入人心。

同时，“鸟巢”在设计建设中，还在场地和空间的多功能上下了很大工夫，以提高场馆利用效率，除能够承担开幕、闭幕和体育比赛外，还满足健身、商务、展览、演出等多种需求，为成功实施后奥运开发奠定坚实基础。

“鸟巢”因其极具创造性的建筑手法被专家认为是代表了21世纪初国际建筑界最高水平的体育建筑，它的建造不仅为古老的北京增添了现代的活力，也影响着世界建筑走向，成为人类文明的经典。

“水立方”

“水立方”（Water Cube），国家游泳中心的别称，位于北京奥林匹克公园内，是北京为2008年夏季奥运会修建的主游泳馆，也是2008年北京奥运会标志性建筑物之一。它的设计方案，是经全球设计竞赛产生的“水的立方”［（H_2O）^{3}］方案。2003年12月24日开工，在2008年1月28日竣工。其与国家体育场(俗称“鸟巢”)分列于北京城市中轴线北端的两侧，

水立方

共同形成相对完整的北京历史文化名城形象。

“水立方”的外观十分新颖，造型独特，整体建筑似乎都被晶莹剔透的水滴包裹，显得别致而又生动，这完全要归功于它的膜结构设计。它是根据细胞排列形式和肥皂泡天然结构设计而成的，这种形态在以往的建筑结构中从来没有出现过。不光是外形创新，就连内部也是令人称奇：“水立方”的墙面和屋顶都分内外三层，设计人员利用三维坐标设计了三万多个钢质构件，这三万多个钢质构件在位置上没有一个是相同的。这些技术都是我国自主创新的科技成果，他们填补了世界建筑史的空白。

看似简单的方形建筑，其实包含了中国的传统文化和现代科技的共同结晶。按照中国文化中的天圆地方思想，同圆形的“鸟巢”呼应，国家游泳馆便被设计成方形。而方形在中国的文化中又代表了多种含义：方形是中国古代城市建筑的最基本形态；方形代表了纲常伦理的社会生活规则；方形还能在最大限度上满足国家游泳中心的多功能要求。而“水”这个自然元素更是在传统文化中有着不可或缺的重要地位，它能带给人欢乐的情绪，能激发人们的灵感和热情，还能丰富人们的生活，为人们提供一个记忆的载体。因此，设计者将水的概念从微观扩变成宏观，用巨大的水分子结构的几何形状覆盖了整座建筑，一方面使得建筑的轮廓和外观有一种冰晶状的时尚视觉效果，另一方面也让“膜结构”的设计达到了最佳效果。

作为国家游泳中心，除了外形与水滴十分相似以外，它的内部设计也十分注重细节，充分考虑到运动员和观众的需求。“水立方”里拥有跳水池、比赛池和热身池，这些池子的水温以及它们所在的厅室的温度都没有太大的差异，这样就为运动员稳定发挥创造了良好的外部条件。在泳池方面，也应用了许多创新设计，比如把室外空气引入池水表面，带孔的终点池岸，视觉和声音发出信号等，使得比赛池成为世界上最容易游出好成绩的泳池。

另外，在地面的设计上，“水立方”也花费了不少心思。由于比赛池和热身池中间有一定的距离，运动员在这两池之间行走往往都是赤脚，经常会觉得脚凉，于是，这段路程的地面被做了特殊的处理，使得赤脚行走的运动员不会“冷暖交替”，走过去都会很舒适。还有一些高科技设备，比如确定运动员相对位置的光学装置、多角度三维图像放映系统等，这些装置将帮助观众更好地观看比赛。

另外，在防雷技术和抗震技术上，“水立方”也是做得十分出色，外表看上去并无特殊防护构架的建筑上，实际暗藏玄机。它的防雷技术，同“鸟巢”相似，靠的是四壁的钢网和整体的钢构件，在雷雨天气里，一方面可以作为天沟，收集、排除屋面的雨水，另一方面它又变成了一个“笼式避雷网”，保护了整个建筑物的安全。无需单独架设避雷设备，既经济美观又安全可靠。

再说说它的抗震设计，别看外表上“水立方”被薄薄的一层充气膜覆盖，实际上它的下面都是坚实的钢结构。“水立方”的墙壁和天花板由 1.2 万个承重节点连接起来的网状钢管组成，这些节点均匀地分担着建筑物的重量，使其坚固得足以经受住北京最强的地震。

“水立方”合理组织了自然通风，合理开发了循环水系统，还广泛应用了高科技建筑材料，这些不仅都为国家游泳中心增添了更多的时代气息，也更加环保，体现了“绿色奥运”、“科技奥运”的思想。据悉，游泳中心消耗掉的水分将会有 80% 从屋顶收集并循环使用，3 万平方米屋顶将使雨水的收集率达到 100%，而这些雨水量相当于 100 户居民一年的用水量，这样可以减弱对于供水的依赖和减少排放到下水道中的污水。在光的利用上，由于“水立方”采用了特殊的膜材料和相应的技术，使得该场馆每天能够利用自然光的时间达到了 9.9 小时，一年下来，8 万平方米的“水立方”

将节约大量的电力资源。

世博会中国馆

走出北京城，来到刚刚举办过第四十一届世界博览会的上海。184天的会期，除了参展规模、参观人数和会场面积等方面举世瞩目以外，世博会的各个会馆也成为了世人瞩目的焦点。以韩文字体为展馆造型的韩国馆，用太阳能电池板做成瑞士地图形式的瑞士馆，有蜚声世界的太阳马戏团表演的加拿大馆，宛如太空堡垒的日本馆，冰壶形状的芬兰馆等，都夺人眼球，而吸引最多参观人数的当然是中国馆了。

以城市发展中的中华智慧为主题的中国馆，远远望去非常有雕塑感。中国馆分为国家馆和地区馆两部分，国家馆主体造型雄浑有力，居中升起，层叠出挑，成为凝聚中国元素、象征中国精神的雕塑感造型主体——东方之冠；地区馆水平展开，以舒展的平台基座的形态映衬国家馆，寓意社泽神州，富庶四方，成为开放、柔性、亲民和层次丰富的城市广场；二者互为对仗、互相补充，共同组成表达盛世大国主题的统一整体。国家馆、地区馆功能上下分区、造型主从配合，形成独一无二的标志性建筑群体。

从整体布局来看，国家馆“斗冠”的造型有一种勃发的力量感，悬挑出檐，层层叠加，极富有美感；地区馆的设计则是充满了中国气韵，以“叠篆文字”传达出中华人文历史地理信息。中国馆整体以大红色为主要元素，充分体现了中国自古以来以红色为主题的理念，更能体现出喜庆的气氛，而这些“中国红”是由七种红色组成，它们是从上百种红色材料脱颖而出，能在白昼不同的阳光和夜晚不同的灯光下，形成统一的沉稳、经典的红色，让游客叹为观止。

世博会中国馆的造型也透露出中国古代的营造法则和现代设计理念的

相结合，诠释了东方“天人合一，和谐共生”的哲学思想，展现了传统文化和现代时尚的融合之美。建筑的外观极像一顶红色的冠帽，又好似一座雄伟的粮仓，这也正应了“东方之冠，鼎盛中华，天下粮仓，富庶百姓”的构思主题，表达中国文化的精神与气质。展馆的展示以“寻觅”为主线，带领参观者行走在“东方足迹”、“寻觅之旅”和“低碳行动”三个展区，在“寻觅”中发现并感悟城市发展中的中华智慧。展馆从当代切入，回顾中国三十多年来城市化的进程，凸显三十多年来中国城市化的规模和成就，回溯、探寻中国城市的底蕴和传统。随后，一条绵延的“智慧之旅”引导参观者走向未来，感悟立足于中华价值观和发展观的未来城市发展之路。

设计中国馆的是中国工程院院士何镜堂，他曾经获得过梁思成建筑奖。他的设计理念可以用十六个字来概括：东方之冠、鼎盛中华、天下粮仓、富庶百姓。中国馆的四根粗大的方柱，托起斗状的主体建筑。而颇为引人

世博会中国馆

瞩目的斗拱则是层层叠加的，秩序井然，越抱越紧，看似零碎的部件，却有难以估量的承载力，可以托起千钧重量。这也象征了中国人民“只要团结，没有什么做不到”的思想主旨。建筑本身融合了中国哲学思想，比如“天人合一”、“和谐共生”和“道法自然”等。国家馆与地区馆的整体布局隐喻“天地交泰、万物咸亨”的愿望，展现了对理想人居社会环境的憧憬，与这届世博会的口号是一致的。

中国风

那时记忆

1999 年 3 月，建筑高度 420.5 米的上海金茂大厦开始营业。

2006 年 7 月，海拔 3600 多米的拉萨火车站正式通车。

2006 年 10 月，苏州博物馆新馆建成，设计者为建筑设计大师贝聿铭。

2009 年 8 月，人民大会堂“金色大厅”装修改造工程全面竣工。

北京人民大会堂

中国的历史源远流长，在建筑上取得的成就更是举目共睹，许多经典的现代建筑中包含了一些古典的中国元素，使得除了钢筋水泥的硬朗之外，还糅合了一些古典之美。

人民大会堂是中国举行政治活动的重要场所，这座位于北京市中心天安门广场西侧，西长安街南侧的宏伟建筑，是建筑史上的一大创举——仅用 10 个多月就建成，而且壮观巍峨，平面呈“山”字形，富有民族特色。内部更是设施齐全，声、光、温控制和自动消防报警、灭火等现代化设施俱全。人民大会堂是中国传统装饰风格和西洋古典建筑相结合的建筑，比如中轴线、门厅、进厅、大厅和过厅等，采用的是西洋古典建筑的格局，同时采用了挑檐、琉璃瓦和祥云图案等中国元素。在 2009 年，人民大会堂

人民大会堂金色大厅

最重要的组成部分金色大厅重新装修，这个最高规格新闻发布会的场地，是中国重大政治经济政策动向的“窗口”，它也一直见证着中国的发展进程。根据这次的“换装”设计师——清华大学建筑系老教授王炜钰介绍，这次给金色大厅“换装”，风格会和现在不一样，中国元素会更多，让人一进大厅，一看就是中国的。提到重装修，王教授十分兴奋：“在灯光、音响等方面也会更现代一些，但装饰上传统的东西比现在要多，在中西结合的同时，这个大厅一定要有民族的特色，将来在国际上要成为建筑装饰的典范，让金色大厅成为一个中国符号。”

而新装修之后的金色大厅也确实不负众望，抬头仰望，五个硕大的金色吊灯从二层的屋顶映入眼帘，如同开放的花瓣一样散在空中，四周矗立着 20 根十多米高的朱红漆金的石柱，柱子上面金色的运用给整个大厅增添了几分璀璨。而作为新闻发布会的重要场地，装修之后这里的灯光、音响包括温度都比原来更适合拍摄和录音。

拉萨火车站

天路，是中国人用来形容青藏铁路的一个词语，而拉萨火车站是青藏铁路线上最大的车站，也是青藏铁路的标志性工程之一。它海拔3600多米，是青藏铁路的终点站，也是全线最大的客货运输综合站，与布达拉宫隔河相望，遥相呼应。拉萨火车站既有藏族传统建筑文化的元素，又体现了现代化建筑的风格。车站大楼的支撑体是钢结构，外面是古朴典雅的木质装饰层。外墙参照布达拉宫设计，自下而上全部采用藏族惯常的白色、暗红色为主色调。外墙面以彩色混凝土干挂，没有采用任何砂浆搅拌，全部用钢轮骨骨架悬挂。透明的玻璃窗与色彩艳红的漆木交杂，处处透露着几分现代解构的气息。

拉萨火车站的整体设计很宏伟，中间高、两边低（中间两层、两侧各一层），墙面呈笔直斜坡形，整体色调为铁红色。拉萨火车站这一典型藏式设计风格，给人一种稳重、壮观的视觉感受。走进拉萨火车站一楼中央大厅，仿佛置身于传统的藏式宫殿，而电子显示屏幕和自动扶梯又将人们带回到现代社会中。中央大厅主要采用红色调，地面铺设着白色和红色为主的色泽鲜艳的高级防滑石材，而大厅内高高立着的八根大柱子，让人眼前一亮。这种室内柱子的设计采用了藏式建筑风格。柱子内部是钢结构，而外面包着的是特殊处理过的红松木，具有防腐、防紫外线和防变形等特点。

拉萨火车站的功能分布简约实用。中间是进站口（候车大厅），两侧分别是出站口和售票大厅，令乘客一目了然，少走弯路。从功能设置来看，这绝对是一个现代化的火车站，两层的候机大厅内除设有四个普通候车室外，还有母婴候车室、软席候车室、贵宾室和军人候车室。为确保候车人

拉萨火车站内部

员的健康，候车大厅内还设有现代化的医疗室。此外，站内站外各种指示标牌应有尽有，站前广场更是宽阔无比，交通便捷。

如果说，布达拉宫是西藏拉萨曾经辉煌的写照，那么这座 2006 年新近拔地而起的拉萨火车站可视为西藏如今快速发展的光辉见证。这座充满了藏式建筑风格和现代化建筑元素的火车站，随着青藏铁路的营运，必将带给拉萨、带给西藏更多的发展希望。

苏州博物馆

从寒冷的青藏铁路下来，我们来到气候温暖的苏州，这里有一座十分著名的博物馆，它的设计者是著名的建筑师，曾经获得过 1983 年的普利兹克奖，被誉为“现代建筑的最后大师”的贝聿铭，这座著名的博物馆便是苏州博物馆。

苏州博物馆是中国地方历史艺术性博物馆。馆址为太平天国忠王李秀成王府遗址，面积 8000 多平方米，分东、西、中三路，中路立体建筑为殿堂形式，梁坊满饰苏式彩绘，入口处侧门，有江南四大才子之一的文征明的手植紫藤，内部东侧有太平天国的古典舞台等，被称作是“江南园林的最好的现代诠释”。它借鉴了苏州古典园林风格，使这座新的博物馆建筑成为苏州继承与创新、传统与现代完美融合的典范和标志性建筑。

在这座博物馆里，最让设计师煞费苦心的是位于中央大厅北部的主庭院。主庭院东、南、西三面由新馆建筑相围，北面与拙政园相邻。这里被打造成了一座在古典园林元素基础上的创意山水园，由铺满鹅卵石的池塘、片石假山、直曲小桥、八角凉亭和竹林等组成，既不同于苏州传统园林，又不脱离中国人文气息和神韵。

新馆的色调虽然采用的是传统的粉墙黛瓦，但是表达方式却是全新的。屋面和墙体边饰采用深灰色石材，和白墙相配，显得清新雅致，也为这座

苏州博物馆

充满江南气息的建筑增添了新的时尚气息。贝氏的“光线名言”在这里运用得恰到好处——借鉴了中国传统建筑中的老虎天窗的做法，天窗被选择开在屋顶的中间部位，自然光线透过金属遮光条，进入到博物馆的活动区域。不同空间光线的明暗对比，仿佛能让周围的线条流动起来，令人入诗入画，妙不可言。

新馆建筑还有一个很有意思的特点，就是它的独特的屋面形态，突破了中国传统建筑“大屋顶”在采光方面的束缚。在新馆屋顶之上，立体几何形框体内的金字塔形玻璃天窗的设计，充满了智慧、情趣与匠心。木纹金属遮光条的广泛应用，和自由的光线的组合，也使博物馆充满温暖柔和的阳光。

苏州博物馆的设计遵循着“中而新，苏而新”的理念和“不高不大不突出”的原则，充分考虑了苏州古城的历史风貌，借鉴了苏州古典园林风格，使新馆建筑成为苏州继承与创新、传统与现代完美融合的典范和标志性建筑。“苏”主要体现在与苏州古城风貌和人文内涵的融合；“新”主要体现在用材上。贝聿铭用他的智慧和独特的设计风格，使“新”充满了“苏味”，变成了创新的“苏”和创新的“中”。而苏州博物馆，也成为了中国元素融入现代建筑的最好例证之一。

上海金茂大厦

在中国提到时尚，不能不提到上海，作为国际化大都市巍然屹立于世界的东方，被世人称作“东方明珠”的上海，她给予大众的印象是现代化的城市景观。然而，当我们对上海的新建筑进行推敲分析之后，不难发现在这座现代化的大都市之中，同样蕴含着深厚的中华传统文化理念。最著名的便是已经成为地标性建筑的、把世界最新建筑潮流与中国传统建筑风

金茂大厦

格相结合起来的上海金茂大厦。

金茂大厦，又称金茂大楼，是一座上海的地标性建筑，是集现代化办公楼、五星级酒店、会展中心、娱乐场所和商场等设施于一体，融汇中国塔形风格与西方建筑技术的多功能型摩天大楼，由著名的美国芝加哥SOM设计事务所的设计师阿德里恩·史密斯设计。金茂大厦的设计理念来自西安的大雁塔，看到它，深藏在心中关于大雁塔的优美传说被一一激活：唐天子大雁塔下赐宴新科进士的“曲江流饮”、“雁塔题名”，还有那些塔壁题诗的唐代才子，藏经于此的玄奘高僧……不知不觉间唤起了中国人的文化认同感。另外，它还借鉴了中国另一个著名的古建筑群——北京紫禁城的平面布局，将金水玉带的格局，巧妙引申到形体设计中，由此构成了最佳的造型视角。

金茂大厦的造型风格表现为“是塔非塔、非塔似塔”的建筑艺术特色，并且具有造型神韵的变幻性和多样性。对于装饰设计，大厦根植于悠久历史文化传统的中国建筑艺术，又渗透了欧洲装饰风格。而金茂大厦整体表现出来的中国文化，更是让人觉得既熟悉，又新鲜。可以从江南园林的月洞门穿过后院深处，走向前厅广庭；也可以看到北方居民的花格窗从百姓门面变成金拱顶戴。

金茂大厦这座融入中国古塔神韵的摩天大楼，以它修长稳健的体形创造了一种现代超高层建筑与中国历史建筑文脉相沿袭的结合模式。而这座世界级的，跨世纪的经典之作，先后荣获伊利诺斯世界建筑结构大奖、新中国 50 周年上海十大经典建筑金奖第一名和第二十届国际建筑师大会艺术创作成就奖等多项国内外大奖，从另一个角度，也肯定了中国古典元素在现代建筑中的重要影响力。

先锋建筑群

那时记忆

2002年,“长城脚下公社”荣获威尼斯双年展“建筑艺术推动大奖”。

2003年，798艺术区被美国《时代周刊》评为全球最有文化标志性的两个城市艺术中心之一。

2012年，王澍获得2012年世界建筑界最高奖“普利茨克建筑奖”，他是第一位获此殊荣的中国公民。

798艺术区

斑驳的红砖墙，错落有致的厂房，纵横交错的管道，依然保留着时代标语的墙壁，穿着制服在马路上来来回回行走着的工人与打扮时尚前卫的参观者，历史与现实、工业与艺术在这里完美地契合，这里就是北京798艺术区。这里有看不完的摄影画廊，吃不尽的地道美食、糕点，各式各样的雕塑、时装，世界各地的特色建筑、酒吧。

798艺术区位于北京城的东北角。西起酒仙桥路、东到京包铁路、北起酒仙桥北路、南至将台路，面积60多万平方米的这片区域便是中国鼎鼎有名的798艺术区。它以上个世纪50年代建成的工厂命名，因为坐落于北京朝阳区大山子地区，故又称大山子艺术区。

798 艺术区

在这个破落的国营工厂里面，集聚了来自全国各地的众多的艺术家，他们以艺术家独有的眼光发现了这里对艺术的独特优势。他们充分利用厂房原有的德国包豪斯建筑风格，稍作改装，把这里变成极具特色的艺术展示和创作空间，并渐渐形成了集画廊、文化公司、艺术工作室、时尚店铺等于一体的艺术集合，形成了具有国际特色的“SOHO 式艺术聚落”和 LOFT 的生活方式。现今的 798 已经成为了北京都市文化的标志。当代艺术、建筑空间、文化产业与历史文脉及城市生活环境有机结合，形成特有的文化并引领人们的生活。

也许是建在 798 工厂旧址上的缘故，也许是设计师们固有的艺术气质，798 艺术区的建筑风格简练朴实，讲求功能。它有着其他建筑所少见的巨大现浇架构和明亮的天窗，这些都是上世纪 50 年代初由苏联援建、东德负责设计施工的重大工业项目，虽然经历了几十年的风雨沧桑，依然有着强烈的时代感。改革开放以后，随着新的城市生活的产生以及文化的重新定位，人们生活方式发生转变，全球化趋势不可阻挡，798 工厂自然而然也要面临它新的发展道路。而北京的都市化进程日趋加速，城市面积不断扩张，原来属于城郊的大山子地区已经成为城区的一部分，旧有的大工业必然要外迁，原址上必然兴起更适合新城市定位和发展趋势的、无污染、低能耗、高科技含量的新型产业。大批新行业从业者入驻这里，也正反映了这一历史趋势。

新行业不再是工业行业，而是包括设计、展示、演出、出版、艺术家工作室等文化行业，也包括精品时装、家居、酒吧、蛋糕、餐饮等新行业。在对原有的历史文化进行继承和尊重的前提下，他们将原有的厂房进行了重新定义和改造，同时也带来了对建筑和生活方式的创造性的整合。闲置的厂房经改造后成为新的建筑作品。在历史脉络与发展范式之间，实用与艺术之间，厂区的旧有建筑出现了新的生机。

作为经济改革产物的新的生存方式，798 展示了个人理念与社会经济结构之间新的关系。人们在乌托邦与现实，记忆与未来之间寻求自己的港湾。798 作为新时期的青年文化经过积淀转向成熟的载体。其文化也具有地方资源国际化的特质，这是个人理想社会化的结果。798 精神是先锋意识与传统情调共存的结晶，创新与社会责任并重，精神价值与经济利益双赢，艺术家与百姓互动。798 现象的出现，涉及城市发展、生产和消费模式等多个方面。

由于艺术家的“扎堆”和名人的聚集，加上“北京大山子国际艺术节”所产生的影响，798 艺术区的影响力越来越大。首届艺术节吸引的观众中，约 60% 为国内观众，40% 为境外观众，其中还包括来自巴黎等国外各大城市的当代艺术代表人物。艺术节和在此处活跃着的艺术家及他们的作品成为中外媒体报道的最爱。北京 798 艺术区还是重要的国际艺术展览、艺术活动和时尚活动的重要举办地，吸引了许多世界政界要人、影视明星、社会名流到 798 参观。

2003 年 798 艺术区被美国《时代周刊》评为全球最有文化标志性的 22 个城市艺术中心之一。同年，美国《新闻周刊》将北京评选为年度世界 TOP12，这也是北京第一次位列其中，其中一个重要原因就是 798 艺术区的存在和发展，798 证明了北京作为世界之都的实力和潜力。798 建筑改造还是威尼斯十二个中国优秀建筑展之一，同时也是 2004 年北京双十年优秀建筑展重要展品。

今天的 798 是中国当代艺术展示交易的中心，是中国当代艺术在世界的名片。是世界有影响力的艺术园区，在这里面展示和交易的是来源于当下中国正在发生的原创的艺术作品，它反映了中国的发展历程，也反映了中国发展的成果，这不光是在经济方面，在人性方面更是如此。谈到 798，其实是在谈一种生活方式，一种生存方式，不管是否在 798 工作和生活，不管是否懂得艺术，现在中国人追求美好生活，追求自由解放的心态在 798 里面可以看得一清二楚。798 可以说是不仅仅是艺术的殿堂，它更是一块“自由的乐土”。

798 确实是时尚的，不光因为它的外在，更因为它所反映的人们对于美好生活的追求。

长城脚下的公社

在长城脚下，有一片时尚的现代建筑，它们被人们称为长城脚下的公社。这里的建筑凝聚了时下中国最时尚的现代建筑的代表。长城脚下的公社，由十二名亚洲杰出的建筑师设计建造的私人收藏的当代建筑艺术作品组成，是威尼斯双年展邀请参展并荣获“建筑艺术推动大奖”的第一个中国建筑作品，法国巴黎的蓬皮杜艺术中心还收藏了用木材和硬纸板制作的参展模型，这也是蓬皮杜艺术中心收藏的第一件中国的艺术作品。2005 年“长城脚下的公社”被美国《商业周刊》评为“中国十大新建筑奇迹”之一。

公社建筑各具风格，诸如阶层叠置的“手提箱”，家居住宅“家具屋”，风景宜人的“三号别墅”，传统与现代相结合的 “怪院子”，人与自然相结合的“飞机场”、“双兄弟”，浑然天成的“红房子”、“森林小屋”，顺势而建的“竹屋”，舒适开放的“大通铺”和一分为二的“土宅”。

长城脚下的公社

“手提箱”的设计，保持着对典型住宅形象的反思，重新定义亲密、隐私和弹性的本质。设计师以无限想象及感官愉悦为原则，提出一件满足最大弹性空间要求的简单设计。

为了保证能尽享万里长城的盛景并享受最大的日光照射，本建筑采用南北走向。让住宅中的每个重要空间，得以配置长城美景。住宅的主要概念是阶层的叠置。配合外壳的活动元件及非阶级式的配置，空间可根据活动性质、入住数量及个人对封闭与隐私的重视程度，轻易地被改变。家具配合建筑可调性的特色，也都有灵活性的功能。

“家具屋”由日本设计师设计，为了让广阔的基地发挥最大优势，建筑引用了中国传统四合院建筑的概念，中庭坐落在住宅正中，房间则以方形配置围绕庭院排列。考虑到中国家具品质的稳定和家具产业的成功，设计师在设计时选用自己研发多年的“家具住宅”系统，利用组合式建材与隔热家具为主要结构体与建筑外墙的系统作为本建筑的营造方式。

材质方面采用竹制合板，而非混凝土，刨光竹子外皮呈现出波浪花纹，坚固厚实的质地给人以安静朴实的感觉。竹子取代了原先熟悉的材料，而且，所有的内外墙及地板都以竹板打造，维持了材料的一贯性。这栋竹制家具住宅确是引领象征中国现代性与当代构造物的设计作品之一。家具屋四面都是门，这与日式住宅又有相通之处。衣柜隐身门内，保持整体的和谐完整。外观空间和内部空间保持表里如一的单纯风格，客厅与室内餐厅相通，露天庭院位居中央，置身其中，周围景观纷至沓来，简洁明快的特点俨然一个现代四合院。

到山里多是为了看风景。“三号别墅”便可极大满足这一需求。别墅视野开阔、层次分明，建筑设计开放、宽阔。

幽暗的夜晚，一盏灯笼照亮回家的路，玻璃的门厅，随着时间的变化，阳光、灯光、格栅、树影不断地变换着形态；庭外，随着季节的更迭，青草、绿藤、黄叶、冰花，景色变幻，表现出人与自然的和谐对话。设计采用钢结构和小部分砖混结构，就地取材经济、自然。建筑围护结构还解决了保温和节能的问题以满足人们舒适生活的需求。

“三号别墅”曾有个诗意的名字——“看与被看”。这里室内室外相通，开阔的视野与私密的生活浓缩于方寸之间。人与山，山与人，室内与室外，室外与室内，邻里之间在看与被看的互动往来中享受无穷乐趣。建筑其实也是一种处理关系的艺术。

“怪院子”的露天庭院与院子中的露台彼此呼应，室内与户外风景紧密相连，视野特别通透。建筑的装饰也以最单纯的元素完成，白色刷漆的墙面、木质的地板与石材的铺面传达了宁静的乡村式家居生活。用作遮挡的竹子屏栅表现了空灵的特质，与中庭散发的强烈感觉交相辉映。微观下，住家仿佛是城市形式的缩影。现代与传统的空间概念在此相互交融于同一个中庭空间之内。

“飞机场”的嵌入山坡的石墙与长城交相呼应，宛若回归自然怀抱。两幅石墙后面，有一排窗户向山敞开的房间，花草树木触手可及。长形走廊可以让你在最酷的别墅里观赏风景。

此建筑最强烈的印象就是嵌入山坡的石墙与悬浮于复杂的坡地的矩形的箱型空间，石墙表面由当地的石材所砌筑，一段段有如穿进大地城墙，除了与“长城”的历史意象呼应之外，此构造有如生物的脊骨般支撑着衍生的空间，也如神经动脉般提供了基础的生活机能与流通的动力。自由的空间由此向周围延伸而出，矩形空间也可以随着外在的自然与内在的人的行为关系而调整改变，除了本质的关系之外，也反应了一种简单的建筑形式结构能在此复杂的地形环境中被赋予合理性。

在众多长城脚下的公社建筑中最受欢迎的要数“红房子”了。仅仅是走过这屋子就有丰富、兴奋等精神上的体验。桃红色的主色调极具怀旧感，浅色木地板与窗外的景观和阳光遥相呼应。空间大、采光好，在这里更可以尽享长城山谷的风光。房子顶上的屋顶庭园，视野开阔，可一览公社全景。从红房子后面一条小路可走上长城，可以在古长城上体验一下现代鸡尾酒会的感觉。

最让人心仪的是悬于水上，用纤纤细竹隔出的“茶室”。它六面都是竹子，透过竹缝甚至可以看见长城的烽火台。开放式的厨房外，坐落山野间的客厅，落地的玻璃窗与窗外的水草树木相应。这便是日本建筑师创作的“竹屋”。

“竹屋”的设计吸收了长城的特质，符合了长城风景粗犷的风格以达到一种人与自然的和谐。将长城的这种特质运用到居住行为上，于是“墙屋”诞生了。考虑到中国与日本文化的独特涵养，在建筑的材料上多采用了竹子，故此成为“竹屋”。像长城一样沿着基地斜面的竹子墙更是令人眼亮。

“大通铺”的设计师强调沟通与共享。建筑的屋顶上有一块凸出的长形玻璃窗，使屋内屋外可相互观望，连为一体。在现在纷繁复杂的城市生活中人们彼此之间少了太多的交流和沟通，近年人们越来越怀念过去，邻里朋友朝夕相处的交心生活。“大通铺”的出现，让很多人重新找回生活的味道，它向我们揭示一些我们丢失的东西，从而使我们的生活更加平衡。

“双兄弟”的建筑师希望到此的顾客获得充裕的机会可以与基地粗犷的特性及其相关的历史联结。双兄弟，顾名思义，整个建筑分为主楼和附楼。主楼的入口位于一个缓缓升起的石头小径的尽头，而附楼则位于地势稍高的地面上。

这两个建筑和北边的悬崖相结合可以称得上是一个安静的家园，在住宅中形成一个隐秘的区域。阶梯状的木质平台爬过这个庭院，绕建筑一圈而后延伸到周围的景致之中。连接山谷与房子的小径为人们提供了休息与冥想的场所。

“森林小屋”由狭长的玻璃组成，它与环绕四周的密林相互呼应。远远望去，这座“森林小屋”如同建在树上的鸟巢，天气晴好的时候，在小客厅还可能会在树间见到松鼠。

“土宅”是一个独立小院，面山而卧，阳光充足，空间错落有致。它的整个设计借鉴并采用“土木”作为主要建筑材料的古老概念。一个胶合木框架和几面夯土墙便构成了基本的轮廓，其中嵌有面向庭院景观的落地玻璃。一条小溪从大厅玻璃地板下潺潺流过，室内一派山水的景象。建筑从中间被分成两半，以引入不同的景致、空间，也带入了“山水”意境。小溪的登堂入室给人们带来了太多的感动，流水在入口的玻璃地板之下粼粼闪光。中庭，是由一侧的山峦与另一侧住屋分裂的两翼共同创造的空间，柔和地处理了自然景色与人造建筑间的分际。土宅因此又名“二分宅”。

这座变形的房子非常不可思议。两半间的角度可以随意地调整，以便配合不同的山坡地形。这个设计结合传统建筑的方式，表达了创造现代中国民居的理想，而非陷落于盲目仿效古建筑形象的窠臼中。

在经济高速发展的中国，长城脚下的公社正在成为亚洲现代建筑的代言人。它们有与通常的住宅设计完全不同的思路。在长城脚下、群山之间，新潮的现代建筑群在昭示中国的时尚生活。

王澍和他的建筑哲学

2012 年 5 月，北京人民大会堂，被称为“建筑界诺贝尔奖”的普利兹克奖，第一次把奖章颁给了中国建筑师——49 岁的中国美术学院教授王澍。作为首位获奖的中国人，王澍的名字进入了贝聿铭、库哈斯等大师的行列，也走到了一个建筑师荣誉的顶峰。评审委员会这样评价他："中国当今的城市化进程正在引发一场关于建筑应当基于传统还是只应面向未来的讨论。正如所有伟大的建筑一样，王澍的作品能够超越争论，并演化成扎根于其历史背景、永不过时甚至具世界性的建筑。"

王澍 1963 年生于新疆，现任中国美术学院建筑艺术学院院长。他喜欢箫管，擅长书法和山水画，执著践行中国本土建筑学理念，享有"中国最具人文气质的建筑家"美誉。从学生时代起，王澍就想把中国山水画的思维方式移植到建筑领域，经过十几年的摸索，终于发展出一套独特的建筑思想。正如王澍自己所说，建筑师设计每一件作品都要有自己的立场和观点，他所做的所有建筑，每一件都向人们传播着中国文

宁波历史博物馆

化里最朴素简单的价值。他的建筑中，旧砖瓦随处可见，并且它们都是以中国本土文化为根基，而不是随意空想的。在他设计的作品中，至今他自己最满意的依然还是被人们津津乐道的中国美院象山校园和宁波博物馆。这本是完全不同的两个作品，一个是一幢三万平米的单体建筑，一个是由二十多幢建筑组成的建筑群。但两者异曲同工之处在于，建造时王澍都使用了大量的旧砖瓦。中国美院象山校园，他用了特意收集来的 700 多万块城市废弃砖瓦；而宁波博物馆，他用从民间收集来的明清瓦片筑了一面独树一帜的瓦片墙。将艺术性与实用性完美结合，是从事建筑多年的王澍一直坚持的。他的实用主义不单是指使用价值，还包括经济、保留传统文化等方面。

“一个好的建筑必须和普通人的日常生活有关。”去过象山校园的人，都说那里美得让人感动，那些建筑就像从地上生出来的。建筑与建筑、与山、与水自然融合得恰如其分，加上教学楼前那大片的农田，美得像一幅静谧的山水油画。至于宁波博物馆，每天前来参观的市民可谓络绎不绝。如今，那里已成为宁波市民最爱去的地方。很多人会看着博物馆的墙和砖感慨，回忆以前自家的旧砖墙与往昔生活片断。王澍坚持，建筑师首要关注的该是一座城市的人文风情，而不能只是埋头做设计。要有悲悯的情怀，要有对文化的看法和观点，用每一次的设计去尝试回应时代。

休闲篇

在很长的一段时间内，娱乐这个古老的词语一直躺在厚厚的词典中，距离百姓的生活很远。人们有时提及它，但是却极少享受它。改革开放，不仅为人们的生活带来物质上的改变，也开拓了一片新的精神家园，中国人的休闲娱乐方式悄然发生着变化。从束缚的年代走出，春风唤醒了人们身上沉闷的细胞。或优雅或激情的舞步带给人们对新生活的美好憧憬和希望，电子游戏让孩子的童年更加快乐，卡拉OK和KTV使人们更大胆地表现自己，追逐偶像的过程中，有坎坷，更多的是成熟的收获。背起背囊走进旷野，锻炼身体只为休闲，精神世界丰富无限。

娱乐新天地

那时记忆

1979 年，消失多年的交谊舞第一次出现在人民大会堂的联欢会上。

1993 年，第一代小霸王电脑学习机研制成功。

1994 年，中国第一家量贩式 KTV 钱柜在上海开业。

让我们翩翩起舞

曾经的年代里，人们的娱乐生活非常单调，甚至要悄悄进行。骑自行车野游一回就算是奢侈的享受，而旅游则大多是由学校或者单位组织进行，就连如今看上去很普通的唱歌，都是集体的歌咏活动。休闲和娱乐属于资产阶级思想，那些沉迷于"娱乐"、"放松"的人，大多被看做落后青年。

那时的舞蹈，大多是喜庆的日子里，文工团演出的一些节目，或者是一些扭秧歌式的舞蹈，形式单一，也并不广泛普及。表现形式活泼的舞蹈，基本上同人们的生活相去甚远。

改革开放第一年的除夕夜，消失多年的交谊舞第一次出现在人民大会堂的联欢会上，得到了全国人民的关注。又过了几年，"舞禁"终于被彻底解除了。这股春风迅速吹向全国大地，交谊舞带来了一场娱乐变革。它活跃在大学校园，它流行于工厂的联谊舞会，它红透了各式各样的舞厅。

青年人跳，老年人也在跳，不仅舞厅里有他们起舞的身影，连公园和街头也洋溢着充满青春的旋律。

习惯了严肃生活的人们随着美妙的舞曲翩翩起舞，不仅消除了疲劳，释放了压力，还能使人精神焕发，充满自信和活力。另外，交谊舞还是当时最流行的男女交往的途径，通过在舞池里的接触，能够了解到心仪的人的各种信息，于是，很多单位的工会和团组织一边教员工跳舞，一边暗暗为他们搭建婚恋平台，一时间，交谊舞成就了许多美好的姻缘。

而如今，随着新潮的流行舞进入人们的生活，交谊舞这种舞步简单、

交谊舞

优雅文气的舞蹈，被年轻人逐渐淡忘，已经成为了许多中老年人娱乐健身的方式。每到傍晚，绿地公园、露天广场，许多中老年人用自己的舞姿，点亮了城市生活中一道靓丽的风景线。

时间继续向前行进，当国外电影《霹雳舞》和摇滚天王迈克尔·杰克逊的舞台表演出现在国人的视线里，一股新的舞蹈热浪被掀起来了，许多年轻人为之沸腾。迪斯科、霹雳舞、街舞等，都是他们争相模仿的典范。

“没有七彩的灯，没有醉人的酒，我们在月光下，跳一曲，跳一曲迪斯科，迪斯科，迪斯科。”“这是心灵的安慰，不是物欲的追求，朝向遥远的里程，不要做短暂停留……月光下是霓虹，晚风好比美酒。”这是 80 年代中期流行一时的歌曲《月光迪斯科》。

迪斯科红极大江南北，随处可见的是公园里的年轻人尽情随着音乐摇摆身体，身着西服，戴蛤蟆镜，脚蹬懒汉鞋，板砖录音机里放的音乐是“阿里巴巴是个快乐的青年”。对于他们来说，吸引他们的不仅仅是节奏刺激的音乐，更是那种能够随意发挥的舞蹈形式。吵闹的舞曲、喇叭裤、麦克镜，是跳迪斯科的青年最好辨认的三大标志。

霹雳舞更是让人欲罢不能，在各种空地上，戴着黑色皮手套、烫着卷发的青少年随便铺上一块磨损的破毛毯，就在上面苦练“过电”、“擦玻璃”、“托马斯全旋”、“太空步”。原来被看做是“歪门邪道”、“流里流气”的霹雳舞，自从上了春晚，在全国掀起了热潮。第五代导演田壮壮就曾经拍摄了一部《摇滚青年》，获得好评，而霹雳舞也俨然成为中国青年表达自我的一种手段。

街舞的流行要得益于电视节目的普及，自从 MTV 亚洲频道诞生，无数年轻人被 Hip-Hop、Locking 和 Waving、Breaking 吸引得目不转睛，就连摇滚演唱现场的人浪、Pogo，都学得津津有味。街舞拥有着极其丰富的变化动作，还有其他舞蹈不可比拟的刺激性、放纵性和冒险性，使得青少年更加喜欢在街头淋漓畅快地表演，也让中国的街头文化就此萌生。

随着街舞的传播，就连许多艺术学校都开设了街舞的专业，很多大学社团也成立了街舞协会，全国各地都兴起了街舞比赛。1994 年上海青少年就自发组织了街舞大赛，2000 年深圳举办了第一场街舞比赛，2003 年，全国街舞比赛正式拉开帷幕，街舞作为一项为青少年所喜爱的文化体育活动，在全国各地广泛传播开来。

作家王朔曾写道："我感到世道变了，我和我身上这身曾经风靡一时令我骄傲的军装眼下都成了过时货。正在跳舞的人们已经穿上了高跟鞋、喇叭裤、尼龙衫，烫了头发，手腕上戴着电子表，大概还有人在说英语。"流行在八九十年代的各种舞蹈，不仅改变了人们的衣着和外貌，还让人们的内心发生着巨大的变化，从不敢追求娱乐，到勇于跟随流行时尚。人们或随着明快的摇滚乐随意扭动全身的各个关节，自由松弛地脱离开各种传统规范的束缚；或模仿木偶、机器人、太空人的舞步，配合音乐节奏做出各种高难度的舞蹈姿势。人们在充满着鲜明个性和热情奔放的舞步中，既锻炼了身体、增强了体质，又达到了放松身心的目的。

家有"小霸王"

"你拍一，我拍一，小霸王出了学习机；你拍二，我拍二，游戏学习在一块；你拍三，我拍三，学习起来很简单；你拍四，我拍四，包你三天会打字；你拍五，我拍五，为了将来打基础……"

读到这，有多少生于 80 年代的人会万分感慨地回忆起自己童年的那一台小霸王学习机，它带着电脑键盘，还配送游戏机和游戏卡。有多少人以学习的名义买了学习机，却躲在房间玩着游戏机，努力按着游戏手柄，一打就是好几个钟头。

魂斗罗、超级玛丽、坦克大战……曾经的小霸王学习机几乎引领了整整一代中国孩子走进了电子世界。在90年代初，那个想要用电脑还需要去学校或者单位的机房的年代，电脑是曲高和寡，高高在上的。所幸，随着李扬那一声“小霸王其乐无穷”，小霸王学习机让孩子们真正体会到了邓小平提到的“计算机要从娃娃抓起”。

滚烫的变压器，母亲的声声催促，500合一的游戏卡带，曾经伴随

小霸王游戏机

了无数年轻人的童年。没有人用它专门学习那些枯燥的五笔输入法或是BASIC应用，但是大家都一致地叫它“学习机”，并且打着学习的旗号，恳求父母为自己买来。同学们之间互相用干脆面或者是跳跳糖这些很奢侈的小零食，交换着大人看上去奇奇怪怪的字母组合——上上下下左左右右ABAB，这是风靡青少年之间的“魂斗罗”的游戏秘籍。如果谁家买了小霸

王，基本上周六周日都不得闲，家里总是挤满了排队打游戏的同学。

如果说小霸王只是在家中的游戏机，那么后来街头电子游戏厅的出现，则将电子游戏推向了新的高潮。去游戏厅打电子游戏，逐渐变成了男孩子们津津乐道的话题。驾驶类、炮战类、格斗类的对抗游戏，成了最热门的选择。上课时候，虽然聚精会神地看着老师，实际上双手却在课桌下紧张地练习着游戏必杀技："正半圈＋反半圈＋拳"、"反半圈＋正半圈＋拳"……

年纪小的孩子还不知道追星，看不懂四大天王的酷帅，也学不会小虎队的歌曲，唯一崇拜的就是那个用一个币就通关的人，专注地操作，准确地出招，漂亮的重击，常常让围观的孩子发出阵阵喝彩。面对满屏幕的子弹，临危不乱，操纵自己的飞机完好无损地到达终点，这一手绝活更是让孩子半夜做梦都笑出声来。

如今，小霸王学习机落满了灰尘，电子游戏厅也很少出现在街头，但是伴随着美好童年的欢声笑语，至今还是萦绕在拥有共同回忆的人们的耳畔。

想唱就唱，歌声响亮

1986年，上海开了中国第一家卡拉OK，喜欢侃大山的中国人，开始扯开嗓子唱上了歌。紧接着，全国各大城市的卡拉OK歌厅迅速林立起来，从政府干部到腰缠万贯的生意人，从高级知识分子到进城打工仔，从老年人到幼儿，无不为之痴迷。

早期的卡拉OK没有MTV画面，没有跳动的字幕让人掌握节拍，所有客人在同一营业大厅中，依桌号轮流上台，执握现场唯一或唯二（对唱或合唱）的麦克风。即便如此，能够去唱一回卡拉OK，也是一件值得回味很久的事情，因为它能够让普通人不论是夜莺歌喉还是公鸭嗓都过一把歌星瘾。当生活条件好起来以后，还有很多家庭在经济条件允许的情况下购买一台家庭式的卡拉 OK 机。许多单位经常举办卡拉 OK 歌曲演唱比赛，如校园卡拉 OK 大赛、少年卡拉 OK 大赛、街道卡拉 OK 大赛等，甚至中央电视台也一连举办了七届电视卡拉 OK 大赛。第一届青年卡拉 OK 大赛报名参加的人就达 500 万之多。

卡拉 OK

卡拉 OK 这种自娱自乐跟着唱的方式，使每个人都能实现自己的歌星梦。开始，只有熟稔流行歌曲、声线条件不错的少男少女热衷在话筒前展示歌喉，不久，这支队伍加入了一批跃跃欲试的中年人，其中不乏勇气可嘉但歌声实在可怕的表演者。但或许就是从此开始，五六十岁的大妈敢同年轻人争夺话筒，卡拉 OK 完全成为了中国人的休闲娱乐中不可缺少的环节。

当卡拉 OK 方兴未艾之际，又出现了豪华包厢式的卡拉 OK，现在我们叫做 KTV。包厢式的小视听中心，既可以欣赏画面，又能随着字幕哼唱歌曲，好一点的包厢还有跳舞的空间。这一形式立刻受到大众欢迎。

拥有绝对私密性的 KTV，让人们的自我意识得到迅速解放，使一些本来在大庭广众之前羞于表演的人也能够参与娱乐之中，度过了开头的装模作样、故作没趣以后，也跟着争抢麦克风，唱个不停，甚至变身成为“麦霸”。而 MTV 与卡拉 OK 的结合，可以让普通人跟上音乐节奏，不会因为掌握不好前奏、间奏，在台上发愣，也能免于节拍错误，或者是跑调等令人尴尬的状况。

从传统卡拉 OK 的风靡，到 KTV 的流行，以前是花钱观看表演，如今需要花钱才能得到表演机会，这是一种消费形态的改变。放弃了原来的消费模式，接受更加现实化的潮流和时尚的方式，靠自己来寻找自己的价值。在小小的包厢内，解除羞怯腼腆的顾忌，面对熟悉的家人和朋友，尽情放声歌唱，放飞自己的心情。

目前各种形式的 KTV 遍布中国的大江南北，已经成了人们生活的重要娱乐方式。如今连锁店、量贩式，高档音响，吃喝玩乐一条龙，KTV 融汇了餐饮、娱乐、商务交际。不管是商务人士休闲娱乐，还是同学朋友热闹聚会，去 KTV 潇洒吼一回，让深藏不露的真性情在麦克风的争抢中袒露开来，倾听和被倾听的互相娱乐中，人与人之间的沟通也变得融洽和谐了。

狂热追星族

在中国，追星族源起于小虎队。1989 年小虎队巡回演出，引得疯狂的歌迷们成群结队骑着自行车一路追踪，大呼其名。这种跟在明星后面追明星的现象被当时的报纸称作“追星族”。

早在 1979 年，邓丽君的歌曲伴随着批判的声音，就吸引了一大批歌迷。1989 年号称“港台明星引进年”，大批台湾歌星的盒带正式引进，形成自邓丽君以来的港台歌曲输入新高潮。王杰、童安格、姜育恒、张雨生、千百惠、小虎队、谭咏麟、张国荣、梅艳芳等港台歌星已经名声大噪，红极一时。成千上万的歌迷随着他们的歌曲尽情挥舞手臂，摇摆身体。1992年，四大天王时代到来，它成为了香港娱乐圈黄金时代的象征，影响力空前绝后。2000年开始，除了港台地区的周杰伦之外，还有一股新势力加入进来，那就是韩流。H.O.T乐队的五位唇红齿白小男生凭借劲爆的视觉张力、颇具颠覆性的自我表现舞曲及绚丽的舞台效果，刮起了强劲的旋风，席卷了整个亚洲。流行乐坛，成了长盛不衰的明星偶像的诞生地。

除了流行乐坛，电视剧和电影演员也大放夺目光彩。电视推广普及以后，播放了许多经典的影视剧，人们在《上海滩》里认识了叼着牙签穿着风衣的“小马哥”周润发，赞叹《西游记》中六小龄童的精湛表演，更忘不了

追星族

《射雕英雄传》里“黄蓉”翁美玲的机灵古怪。大批优秀的电影、电视剧，让饰演各个角色的演员赢得了不少观众的好感和喜爱，也为他们赢得了不少影迷。

明星效应开始显现出来，商品的广告因为频繁出现明星的代言而销量大增。同明星有关的副产品也是不断升温，曾经印有明星头像的文化衫、不干胶，伴随了整整一代人的童年，而留着“郭富城头”、“林志颖头”和“郑伊健头”的男孩子则比比皆是。

一般的歌迷或影迷，可能仅仅关注于明星偶像的作品，同他人讨论他们的轶事，或者参加由偶像出席的活动等。而不少狂热的歌迷影迷，着迷于偶像的一切，为了表达自己对明星的喜爱之情，不仅花费巨大的代价去收集所有相关的事物，而且在公共场合围堵明星，以求合影及签名，导致公共秩序混乱，甚至还抱有不现实的想法。此外，追星族还常常对其他明星产生敌意，1994 年电影《破坏之王》中，黎明歌迷与张学友歌迷在演唱会门口互殴，便是当时歌迷争斗的最好写照。另外，1992 年春晚的小品《追星族》中，也刻画了一个活灵活现的中学生歌迷形象，对于喜爱的歌星十分着迷，耽误了学习，导致家人不理解以及反对。

时代在变，追星族也在变。盲目追星的严重后果使得当今的追星族们多了几分成熟和理性。现在“追星族”改称“粉丝”，对于不同明星，他们的“粉丝”名称也不一样。2005 年以来大热的“超女”李宇春的粉丝，就叫做“玉米”，而相声演员郭德纲的粉丝叫做“纲丝”。生动的称谓，既表达了偶像某一个与众不同的特点，也表现了粉丝对偶像的独特用心。

心有多远，就走多远

那时记忆

1985年，中央电视台热播“蕙兰瑜伽系列”电视节目。

2012年，“花甲背包客”张广柱、王钟津夫妇获中国户外年度金犀牛奖的“最佳背包客奖”。

背包行天下

随着五天工作制的实行，双休日出去走一走成了人们放松心情、陶冶情操的一种休闲方式。团体游、家庭游作为传统的旅游方式，已经渐渐失去了旅游市场的主体地位，自主安排旅游路线和行程的自助游，凭借它自由、主动、深刻、充满艰辛和诗意的时尚旅游方式博得了越来越多人的喜爱。

自助游让每个人都有充分的时间来享受旅游中的趣味——喜欢山的人可以领略西藏喜马拉雅山或者云南梅里雪山的壮美，喜欢古城的人可以到丽江古城或者凤凰古城去感受浓烈的人文气息，喜欢少数民族风情的人可以饱览泸沽湖或者瑶寨苗寨的美丽风光，喜欢海的人可以在海南岛、青岛等地著名的海滩上散步嬉戏，对艺术情有独钟的人可以到北京各大美术馆流连忘返……与团队旅游的“上车睡觉，下车拍照”的机械式走马观花不同，自助旅游者可各取所需，利用现代文明带来的便捷，策划出不受商业蒙蔽和束缚的旅行。

目前，自助游越来越个性化，也越来越多元化，产生了很多种类型，诸如骑行游、自驾游、垂钓游、度假游、情侣游和单身游等，新颖时尚的旅游内容吸引了大批爱好自由的人。而这些人中，有一个群体的数量和规模也越来越大，他们有一个统一的名字：背包客。

背包客，又称驴友，泛指三五成群或者单枪匹马四处游逛的人，也就是背着背包做长途自助旅行的人，现主要是以那群爱好登山、徒步、探险等寻找刺激的人为主，目的在于通过游历认识世界、认识自我和挑战极限等。背包客提倡的是花最少的钱，走最远的路，看别人难以看到的风景。

在中国，“驴友”这个词似乎更招人喜欢。关于“驴友”的出处，有种说法是“驴”行是“旅”行的谐音，而驴又擅长耐力走路，所以徒步旅行者都以“驴友”作为昵称互相称呼对方。有时候在旅程中计算人数，以一头两头来作计量，显得俏皮又亲切。这是一群喜欢挑战自我的人，他们能够把“自由行走”的精神贯彻在天地间，只有他们才能把吃苦耐劳的坚韧品质发挥到极限。

背包客

打开一个背包客常用的看上去很简单的背囊，里面的内容却是十分充实——除了必要的衣物，还要有指南针、手电及电池、火柴、水壶、软绳、多功能小刀、照相机、急救包以及少量的现金。这些看起来不起眼的东西，却是自助游中必不可少的：指南针随身备一个，防止迷路；手电是在黑暗中的恩物，尤其在风雨之夜，手电的光亮可以给人一种安心的感觉；火柴更是在手电电池耗尽后唯一能制造光源的东西，也可以用来制火取暖；水壶可以带那种军用的铝水壶，也可以带户外专用的塑料水壶，但最重要的是轻便、容量大；绳子的用途就很多了，临时捆绑物品，将背包吊下陡坡，甚至在旅馆内拉一根晾衣绳都行；小刀用途也广，最简单的削水果，最实用的自卫，都用得上；轻便的相机更是不能或缺的，如果不是专业的摄影要求，一般来说，卡片机就足够记录下美好的瞬间；急救包里面应该有各种应急的药物，这个视个人身体情况而定，一般来说，消炎药、双氧水、创可贴、绷带、退烧药、感冒药和防晒霜都是必备的；而少带现金，多带几张银行卡，既避免了招致不安全因素，也减轻了钱包的重量。

出门在外，食宿是最重要的。对于住宿问题，许多自助游的旅客都想选择一些价格低廉而且处在交通便利位置的旅店，而有经验的背包客会选择青年旅舍。青年旅舍是一个国际性的青年旅社联盟，全称是国际青年旅舍联盟。它是一个价格合理并且能够使留宿者在友好的氛围中舒适过夜的地方，也是一个能够用最低的价钱来了解所在国家风土人情的绝佳场所。在这里，也许还能遇到许多有着相似境况的其他旅游者，体验热情温暖的氛围。

中国人讲究“民以食为天”，在饮食方面，同团队旅游每餐都要吃乏味且一成不变的团队餐相比，自助游的饮食优势更是显露无遗。由于旅行是自主安排不受时间地点和他人的限制，因此，游客能够在喜欢的地方流连足够的时间，品尝当地的特色，不会因为赶时间而留下遗憾，而且当地的特色小吃一般都不贵，也从某种程度上减少了花销，让钱用在更多的游玩项目上。在出行之前做好功课，查好有地道风味的本地小吃店，也许可能店面不大，也许深藏在街巷之中，然而自己去主动寻找美食的那种感觉却有一般团队旅游所不能带来的新鲜感和刺激感。在兰州的街头来一碗热腾腾的拉面，在南京吃一盘痛快的麻油凉粉，去西安找羊汤泡馍，到四川吃辣油火锅。中国有句老话："靠山吃山，靠水吃水。"一个地方的小吃，是地方特色的体现，也代表了当地的文化氛围。是辣还是甜，是清淡还是浓郁，有时候也会反映出当地人的一些性格。当然，如果本身体质比较虚弱，或者出现水土不服的症状，还是不要打肿脸充胖子，因为小吃而引起身体不适，影响旅游，可就得不偿失了。

说到如今中国最引人关注的背包客，应该就是年过六旬的北京夫妻"花甲背包客"了。这对老人从 2008 年开始自助游，足迹遍布欧洲、北美、南美和亚洲等数十个国家，他们牵着手，像一对少年夫妻一样，享受着背包游走四方的快乐生活。在克服了语言障碍，经历了各种艰险后，他们成了背包客中的传奇人物。

"花甲背包客"的经历为人们熟知以后，人们赞扬着两位老人不服老和敢于探索世界的勇气，同时也引发了一些关于房子车子和梦想之间的思考。网络上很流行这样一段话："只要半个平米的价格，日韩新马泰都玩了一圈；一两个平米的价格，欧美列国也回来了；三四平米的价格就可以去埃及南非这些更为神奇的地方……几年下来，全世界你都玩遍，可能还没花完一个厕所的价钱。但是那时候，说不定你的世界观都已经变了。"虽然浅显直白，却让无数人为之叹息，因为大家都不得不承认它所揭示的事实。

自助游有着传统旅游意想不到的惊喜和收获，背包客潇洒行走天涯，顽强前进，不畏艰险，手牵手肩并肩相互加油打气，能够带给人们更多的精神愉悦，堪称新世纪休闲娱乐第一位。

“享瘦”快乐生活

“享瘦”是“享受”的谐音，“瘦身”似乎是爱美人士永恒不变的话题，它不只是一种对外形美的追求，也是对身体健康的追求，它代表了一种积极的生活态度。体态臃肿容易让人精神不振，也容易变得越来越懒散，凡事都很消极；而一个拥有苗条身材和优美体态的人，不仅能带给别人视觉上的愉悦，也会给自己一种神清气爽的心理暗示。过去，很多人不惜花重金做吸脂手术，或者服用一些刺激性很大的减肥药，结果往往损害了自身的健康。因此，运动健身成了最健康的减肥途径，而它也从最初单纯的舒展四肢，变成愉悦心灵，赞美生命，享受生活的一种新的方式。

有氧运动被公认为是最好的健康减肥方法，传统的有氧运动如跑步、游泳、骑自行车、打太极拳、跳健美操、打篮球、踢足球，能够增强心肺耐力。而除了这些传统项目，还有很多新兴的健身项目，吸引了更多人的加入。

“瑜伽”这个词，是从印度梵语“yug”或“yuj”而来，其含意为“一致”、“结合”或“和谐”。瑜伽不是一个单一的项目，而是一个通过提升意识，帮助人们充分发挥潜能的哲学体系及其指导下的运动体系。瑜伽姿势能提高人们生理、心理、情感和精神方面的能力，是一种达到身体、心灵与精神和谐统一的运动形式。

瑜伽的动作缓慢，当利用丹田进行腹部深呼吸，使体内供氧量充足时，再通过各种不同的瑜伽姿势，充分伸展身体的肌肉与韧带，在训练筋骨的柔软度上有相当好的效果。虽然瑜伽的减肥效果比不上有氧运动立即而明显，但长期坚持练习瑜伽，能修饰全身曲线，不知不觉间也会发觉腰腹部

瑜伽

位，穿衣服时明显变得宽松，体态也更匀称。瑜伽改变了人们的思维方式，使之变得平和，深受上班族喜爱。

跟瑜伽类似的比较安静的项目还有普拉提。普拉提（Pilates）是由德国的约瑟夫·普拉提于1926年创立并推广的一种运动健身体系。西方人一向注重身体肌肉和生理机能的训练，例如腰、腹、背、胸和臀等部位的训练，而东方人着重呼吸和心灵集中的训练，如瑜伽和太极。普拉提则是吸取了东西方文化，既融入了西方人的“刚”，又融入了东方人的“柔”，达到了中西合璧的效果。随着现代社会的发展，普拉提不断进行了一些人性化的改善，融入了瑜伽、太极拳和芭蕾形体的一些理念以及教练个性化的内容。因此，这种舒缓全身肌肉及提高人体躯干控制能力的课程越来越受到人们的欢迎，成为最流行、最时尚的健身项目之一。

钢管舞是一种新颖的健身方式，它对现代的上班族女性放松身体、缓解压力、增强自信和提高音乐节奏感有一定帮助作用。而这种舞蹈的特殊起源又决定了其基本动作的性感与妩媚，有助于提升女性对异性的吸引力。

在某培训班140多平方米的健身房里，竖立着一根根闪亮的钢管。随着悠扬的爵士音乐，七八个20岁到30岁左右的学员正跟着教练的节拍，认真地做着动作。她们有的身穿皮靴、短裤和短衣，有的则穿着最普通的牛仔裤和T恤衫，看上去都非常自信。与大多数人印象中的带有性感挑逗意味的钢管舞不同，不仅学员们打扮普通，就连教练也是素面朝天，动作大部分都是健身和塑身的动作。除了钢管，这里跟其他的健身俱乐部没有多大差别。而钢管舞，相比较其他项目而言，是一项能够进行全身锻炼的项目。

之所以说是全身都能得到锻炼，是因为钢管舞是一种利用钢管为道具，进行攀爬、旋转和倒立等动作来完成有序舞蹈动作的道具性舞蹈，每一次攀爬、旋转和倒立都能调动全身的肌肉，比如当人练到杆上时，可以最大地锻炼腰力、腿力和腹肌的力量，以及头部和全身血液循环，如此有效的有氧呼吸，也可以令脂肪快速燃烧，达到减肥、瘦身的最佳效果。另外，有统计数据表明，当认真跳起来的时候，每小时大约可以燃烧掉身体里的250卡热量，所以钢管舞也是一种绝佳的锻炼心肺功能的运动。

虽然钢管舞的历史名声并不好，但是到了21世纪的今天，它已经演变成为一种时尚的健身减肥运动，在争议中慢慢为人们所接受。这种在音乐中释放激情的健身项目，却是越练越有兴致。在各种风格的音乐中热情奔放的舞动时，心中感到从未有过的舒畅，而且舞蹈动作易学、简单、自然且美观。没有专业的舞蹈基础，也能很快领悟到钢管舞的要领与快乐。当在音乐的节奏中起舞时，带来运动的快乐与艺术的美感，是不言而喻的。而在舞后，生活与工作的压力也就随之荡然无存。

还有很多中老年人热衷的老年迪斯科、太极拳、太极剑和太极扇，缓慢又优雅的动作，能让老年人的身心得到全面放松，促进新陈代谢，也是极好的健身养生方法。

一些年轻人中间还流行真人 CS、真人开心农场等各种减压的轻松休闲项目，在娱乐中也锻炼了身体素质。

从痛苦的节食和有风险的手术，到通过不同的运动方式，运用健康积极的方法，成功塑造健康的身材和优美的形体姿态。脂肪在不知不觉间消失，身材渐渐变得轻盈匀称，真正达到了“在快乐中健康地减肥”的目标，这个目标也正是瘦身界新的风向标，让需要瘦身塑形的人重新享受到快乐的生活。

大“城”小“憩”

那时记忆

2007 年 6 月，中国国际咖啡酒吧产业博览会在北京举行。

2011 年 12 月，中国网民数量达到 5.13 亿，全年新增网民 5580 万。

“Bar”在中国

夜里十点多，很多家庭都已经准备入眠，而对于喜欢夜生活的人来说，这个时间才是他们精彩生活的开始。随意来到一家寻常的酒吧，昏暗的灯光下，调酒师摇晃着身体，专业地调配着五彩的鸡尾酒；柔和的灯光打射在吧台上，各式各样，不同品牌的酒琳琅满目，无一不发散着醉人的光泽；悬挂的玻璃酒杯，倒映着迷离的光影，不由得让人醉入其中。

提起酒吧，有人想到的是“纸醉金迷”和“靡靡之音”，有人想到的是“放纵潇洒”和“随心所欲”，但无论是哪种观点，都不能不否认，酒吧——这个城市夜生活的载体，已经成为人们生活的一部分。不光是酒吧，如今“吧”这个词，也从单纯的语气词变成了时尚空间的代言词，似乎只要加上了“吧”，无形中就增加了访客量。

在 80 年代初的中国，人们在拥挤简陋的小饭店用大碗喝着限量出售的啤酒或排着长队用水壶打啤酒，回家后像过节一样开怀畅饮。当时人们从西方影视中看到灯红酒绿的酒吧时，那种羡慕渴求的感觉可想而知。酒吧是随着外国人来华而开始进入中国的。那时，只有涉外宾馆即只接待外国人的宾馆，才开有酒吧之类的消费空间。它成了一个既神秘又令人神往的地方。

如果追溯起酒吧在中国的历史，不难发现，一开始的酒吧大多是在对外开放力度较大的沿海大都市发展起来的，诸如北京、上海、广州和深圳等大都市，先后形成了较有规模的酒吧集聚地带。比较有名的有：北京的三里屯和北海后街酒吧一条街、上海的衡山路和茂名南路酒吧一条街、广州的沿江路和白鹅潭酒吧一条街。后来，酒吧渐渐开始在一些普通城市的街道两旁出现。直到现在，随意走在任何一座城市的繁华商业区里，或者是静谧的小巷深处内，都能看到酒吧的招牌。而酒吧的命名也从最开始一味带有浓厚西方色彩的“威尼斯酒吧”、“圣保罗酒吧”、“夏威夷酒吧”、“爵士酒吧”和“诺亚方舟酒吧”等,回归到了中国文化气息更浓厚一点的诸如“渡口”、“彼岸”、“王朝”和“皇宫”等词语上来。酒吧里的文化也逐渐成为了时尚话题的讨论焦点，而要论及酒吧文化在中国的渊源和文化发祥地，恐怕就属北京的那几条酒吧街巷最具代表性，也最有发言权了。

北京三里屯酒吧街，它堪称京城酒吧文化鼻祖。三里屯算是北京最大的酒吧聚集地，据粗略统计，这一带聚集了北京百分之六七十的酒吧。三里屯的酒吧有一个最大的特点就是主流顾客是外国人，因为它毗邻着北京最大的使馆区。有人这样形容三里屯：“风吹三里屯，雨打哈瓦那，身在芥末坊，心系苏茜娅。对酒藏酷，当歌豹豪，纵横明大，吟唱乡谣。在幸福花园寻找隐蔽的树，让男孩女孩躲进戴茜小屋。在白房子畅饮黑加仑，在地平线把太阳喝晕。喝完科罗娜，再上塔克辣，要完富士达，又喝伏特加……”

用“恬适”形容后海酒吧街一点不为过。与三里屯的热闹相比，后海的酒吧营造出的是一种古典、雅静的意境和氛围。穿过挂着“荷花市场”牌匾的牌楼，来到银锭桥边，就到了后海酒吧街，这里的酒吧都是由临街的房屋改建，而酒吧的后面是院落深深的老北京四合院。窄窄的角落里，有时能挤上数家风格迥异、各具特色的酒吧，每个酒吧虽然门脸都不大，但是总有自己的固定顾客和驻唱歌手。沿着岸边缓缓步行，能在时尚中领略一番别样的情趣，在喧哗中感受一份沉着。夏夜，还可以在水上划船，乘凉之余享受着酒吧里传来的音乐。

北京的酒吧文化是多元的，喜欢听音乐的可以去三里屯，喜欢水乡气息的可以到什刹海，现在又有静谧的星吧路和古城风韵的元大都，再加上艺术气息浓重的大山子，更多风格和情调的酒吧让客人们流连忘返。

除了北京之外，全国各地的酒吧也都各具特色。上海的衡山路是上海最大的酒吧街。在仅仅两三里长的路段上，点缀着极具风情的酒吧，灯火阑珊，歌舞升平。而在衡山路及相交叉路上的休闲场所更是比比皆是，风格各异。不光是酒吧，还有茶坊、酒店、娱乐中心、美容院和画廊等，粗粗算下来竟有一百多家。可谓是上海头一处吃喝玩乐样样齐备的综合性休闲地域，它也是领略夜上海魅力风情的首选之地。

广州的白鹅潭酒吧街则是充分利用江景基础，集休闲、娱乐、办公为一体，信步走在白鹅潭酒吧街上，就好像走进了经典电影的各种场景——《呼啸山庄》里的英国古堡、《叶塞尼亚》舞步下的街景、《罗马假日》里的浪漫一隅或是《情定巴黎》中的销魂片段。这里的啤酒、小吃还有音乐可以让人尽情放松、发泄和高谈阔论，而也有温馨豪华的包间让人谈心、约会或者自斟自酌，带人远离尘世的烦恼。

与酒吧的喧嚣截然相反的是茶馆。现代的茶馆，出现了有私密空间的包厢，人们可以边品茶吃点心，边下棋打牌聊天，有的甚至加入了西方快餐的元素，为一些饥肠辘辘的顾客提供高级快餐。有人说，这种茶吧已经逐渐脱离了应有的浓郁的“茶”的气息，然而，不可否认的是，跟酒吧里的酒一样，茶吧是以茶为媒介的休闲空间。虽然茶香是淡了点，但是别样的休闲方式同样带给人们愉快的享受和放松。

如今还有一种微型茶吧十分流行，这种通常被发烧友称作“小茶馆”的茶吧，脱胎于古时的茶馆，保留了原始的茶的神韵，但是却又代表了一种新的时尚茶文化。它们往往深藏在街巷之中，不起眼的门面，稀稀落落的顾客，营业面积通常都很小，许多茶馆都是从居民住宅改装而来。店里

茶馆

的服务员通常都很少，有时还能得到老板亲手按照茶道程序泡出来的茶。这些开着小茶馆的经营者通常都对茶文化有很深的研究，甚至达到痴迷的程度。而茶馆的顾客也绝不是看上去那样稀稀疏疏，固定的时间会有固定的客人光临。品一杯香茗，读一本店主收藏的旧书，晒着一地的阳光。从茶馆里走出来，有一种脱胎换骨、洗涤心灵的感觉。

大多数都市人在紧张快速的节奏中生活，经常会有心情烦躁、情绪低落的时候，选择发泄烦恼、排解郁闷的方法有很多种，阅读就是很多人的首选。然而由于工作环境或者家庭环境的客观条件的不允许，能够捧着一本书安静而不分心的阅读已经是少之又少的事情了。为了解决这种“静心读书难”的问题，“书吧”应运而生——它集图书馆、书店、茶馆或咖啡馆的特点于一身，人们可以边喝茶、喝咖啡、边聊天、看书，或者翻翻时尚杂志、流行小说，在舒缓的音乐中放松身心。宁静的气氛中，展卷凝眸间，尘世的喧嚣与浮躁渐渐淡远。许多客人都把书吧当做家，看累了掩卷睡一会，醒来继续读书。

跟书吧的“静”相反的是另一种有些热闹的“吧”，它就是在这几年刚刚红火起来的“桌游吧”。桌游就是桌面游戏，一般是策略类的游戏，玩家需要使用一些纸牌和遵守特定规则达到某种目的，也要随时注意用机智的语言和出牌技巧让自己赢得最后的胜利。

无论是什么样的“吧”，对于在生存竞争和压力中疲于奔命的都市人来说，都提供了一个“放松与自由”的归属空间，泡吧的人，也正是为了“放松与自由”。其实以上的这些“吧”，还有许多各式各样的吧，比如手工制作的陶吧、木吧和泥吧，也有陶冶心情的琴棋书画吧，还有已经很普遍但不算是流行前沿的网吧、影吧和聊吧等。而“吧”文化也已经成为衡量一个城市的文明进程和时尚程度的重要指标之一。如果没有形形色色

桌游吧

的“吧”，城市的内涵和外延肯定逊色很多。这一个个充满时尚元素气息的“吧”，正在被更多人接受、欣赏、追捧、认同。

网络世界无限精彩

如今的休闲娱乐，离不开虚拟的网络世界。从80年代中期，电脑进入发展轨道以来，首先是学校开设计算机语言课程，然后是商务用途，再到家庭娱乐，电脑已经成了无数人无法或缺的一部分。而因特网更是以其魅力征服了整个世界。

周日的早上五点多，一家人还在熟睡中，然而王女士却已经悄悄起来，打开电脑，手握鼠标，紧张地盯着时间和屏幕，五点四十分，她开始忙碌起来，操作着鼠标在之前打开的好几个窗口来回切换，五点四十五分，王女士长舒一口气，放下鼠标，任由电脑屏幕转为屏幕保护图案，又回到床上睡觉了。如果读者不知道王女士在忙什么，那么只好说一声：对不起，你out了（你落伍了）。

开心农场

让王女士紧张不已的是她在网络上的农产品马上就要成熟了，而也许她的好友正在盯着她的土地，暗地里倒计时准备“偷菜”，一旦好友们偷得多了，王女士的收入自然会减少很多，所以，为了维护自家农场的收入，王女士不辞辛苦地在周末的清晨守候在电脑旁，只为那一地即将成熟的菜。“偷菜”——正是一款目前风靡全国的网络小游戏——开心农场，这是一种经营类的网页游戏，不需要庞大的客户端，点开网页就可以随时随地进入游戏，就是这样一个看上去很普通不起眼的小游戏，从2008年开始以迅雷不及掩耳之势横扫各个年龄层以及各类人群，也是这样一个游戏无形中加速了整个网络行业的发展。

网络就是这么神奇，它的游戏能让人在周末的大清早自动醒来，它的聊天工具也能实现在虚拟的空间做心灵交流，它的网络社区还可以让许多陌生的人成为朋友，甚至是知己……如今的社会生活早已离不开网络，商务往来少不了电子邮件，异地联系可以选择网上聊天，就连偶得几分钟的休息，也从无聊地在电视机前转台变换成手握鼠标的会心一笑。

关于网络有很多已经不再是新兴的事物，比如几乎垄断全国的聊天工具——“QQ”，比如各种公司旗下的电子邮箱服务产品，再比如人人都能拥有写下自己私密心情的博客……然而网络的发展速度总是令人难以想象。自从1996年中国第一家网吧在深圳开业，随着“网吧”一词逐渐诞生了“网游”、“网民”、“网虫”、“网络语言”、“网络文学”甚至“网恋”。

玩网络游戏应该是大部分网民上网都会做的一件事，不论是拥有好几十G的客户端网游，还是点开网页就能玩的页游，都能抓住人的眼球好几个小时。尤其在网吧，这边CS枪声不断队友紧急支援，那边魔兽世界组队刷怪正忙，中老年人喜欢偷菜、经营餐厅和抢车位，或者沉迷在麻将世界和斗地主游戏中。

网络游戏始终被褒贬两种声音所包围，有人认为学生沉迷网络游戏，耽误学业，影响前途；也有人从网络游戏中脱颖而出，因为游戏比赛而名声大噪。网络游戏的魅力，吸引着越来越多人加入其中，如何平衡自己的游戏时间，才是最关键的。

“网虫”算是网民中一种特殊生物，其特点是喜欢没日没夜的上网，离开网络就浑身不自在。网上曾经专门有文章总结网虫的若干特征，以及网虫的一天。从睁开眼睛就上网收发邮件、看网页新闻、玩游戏和聊天，看上去可能一个小时就能做完的事情，网虫们热衷于从早到晚沉浸其中。

网络语言是年轻人的另一种语言。不了解网络语言，面对“JJMM”“7456”“886”“恐龙帅锅”你将一头雾水。网上的错别字千万别纠正，它们总是错的可爱，错的别有用心：“斑竹”就是版主，“东东”就是东西。从备受批评到大众接受，网络语言为时尚的休闲娱乐增添了新的内容，也是中国文字改革的又一次浪潮。

网恋

“网恋”始于痞子蔡和轻舞飞扬的“第一次亲密接触”，这段纯净美好的恋情，让许多网民怀着梦想，开始在网络中寻找自己的另一半。距离产生着美，远离了房子、车子和收入，二人世界没有世俗，网上的爱情看似浪漫至极。然而，就如同最美好的事物一样，网恋不可能一直在网上，所以它不可能一直美丽下去。结果不外乎两种情况：一种是无疾而终，留下了一份深深的回忆，另一种是发展到了现实，经过实际接触之后，要么虚拟迷惑了本质，遗憾分手，要么真正寻找到了一生的心灵伴侣。

网络社区算是近年来头一号热门话题，它是以个人为中心，集合许多人的信息在一起的网络社区形式。在网络社区里，人与人之间的互动不断增强，而每个人的人际关系网络也都在不断放大和传播。它的理论基础之一是“六度分割理论”。这个理论是一个数学领域的猜想，它指出：最多通过六个人你就能够认识任何一个陌生人；而其实更科学地来说，并不一定必须通过六个层次才能产生联系，美国心理学家米尔格朗曾设计过一个连锁信件的实验，最终他的结论是：任何两位素不相识的人之间，通过一定的联系方式，总是能够产生必然的关系或者联系。而六度分割理论正是由此和互联网亲密结合，才使得网络社区内的人际关系网络越来越庞大，越来越复杂，也越来越紧密，成为这个社区不可分割开来的坚实的基础。

这种“熟人的熟人”、“朋友的朋友”使得网络社区的用户不断被填充进来，然而光靠这种单薄的人际关系还不足以巩固社区的发展，于是便有了丰富多彩的社区功能。

网络社区的目的是建立起良好的人与人之间的沟通环境，而开放了第三方应用软件后，也变相地增加了用户之间的互动性，它本身的功能也具有相当强的人气，因此，可以说，在网络社区中进行“网络冲浪”，是当今最时尚的交友和沟通的方式。

休闲娱乐同日常生活更加密切了，也在向各个层面渗透。随着娱乐观念的变化，娱乐方式不断增多，越来越广泛，也同个人爱好、个人兴趣结合的更加紧密。经济的发展推动了娱乐产业的发展，而娱乐产业的发展也促进了人民精神生活水平的提高。

生活篇

改革开放三十年，中国人的生活发生了巨变。当初为了传达一个消息要排队等待的人，没有想到现在报个平安只需要几秒钟的一个电话或者一条短信；当初坚贞为爱守护的青年们未曾想到，现在的人们会出现闪婚、裸婚、隐婚这样稀奇古怪的新婚姻形式；当初辛苦拓荒垦地的农民们也万万想不到，现在的人们正在忙着给地球洗澡，恢复地球的环境生态。这些看似平常的生活琐事，可能更能透露出人们生活观念和方式的变化。

隐形的钱币

那时记忆

1978 年 12 月，十一届三中全会作出了实行改革开放的重大决策。

1990 年 12 月，上海证券交易所成立。

2001 年 12 月，中国正式加入世界贸易组织，成为其第 143 名成员。

2010 年 1 月，中国第一家团购网站满座网上线。

个体户的出现

1978 年的十一届三中全会，党中央做出了改革开放的重大决策，从此开始，中国采取了一系列措施全面发展经济。1979 年，开始建立经济特区；1984 年，15 个港口城市逐渐开放；1992 年，市场经济体制改革目标确立；1992 年，医疗市场化改革；1994 年，住房市场化改革；2001 年，中国加入世界贸易组织；2010 年，中国超过日本，成为全球第二大经济体。

在中国市场经济建立的过程中，个体户的出现曾经引起了很大的争论。改革开放后不久，一些人搞起了独立创业和个体经营，这些进行个体经营的人被叫做个体户，他们的数量在 80 年代迅速增加。起初，个体户只是一些融入不到社会主流中自己寻求生存方法的人，他们被人们瞧不起，能够享受的权利很少。但是随着中国市场经济的不断完善和拓展，个体户们有

深圳经济特区夜景

厦门经济特区夜景

了比国企更为广阔的生存发展空间，他们经常用赚取中间差价的方法进行买卖。他们是踏上了改革开放浪潮的第一批人，也就成为了中国改革开放的第一批受益者，第一批富起来的人，个体户中产生了中国的首个万元户。

随着国家对市场的不断放宽，个体户已经完全甩掉了不好的名声，而是成为了更多人创业的首选，许多知名的企业都是源自改革开放初期的个体经营。

股票与基金

伴随着中国经济的快速发展，资本市场不断繁荣，股票、证券、基金、保险、期货等前所未有的事物出现在百姓生活中。

股票最初兴起的时候，由于其回报率高，曾经一度成为许多人追捧的投资方式。近些年，随着人们对资本投资越来越理性对待，股票市场已经渐渐趋于平缓和成熟。1984 年，新中国第一支证券诞生了，随后在 1986 年，我国建国后第一家证券营业厅开始营业，自此，我国证券市场全面恢复。1992 年，股票认购证在上海首发，购买的人蜂拥而至，标志着股份制在我国改革的发端，证券市场开始在我国迅猛发展，成为了继股票之后百姓广泛接受的另一种资本投资方式。

老百姓的腰包鼓了，生活日益丰富多彩起来。在提升了生活质量之后，

炒股成为百姓投资的一种新方式

自然关注自身的安全风险问题，而保险不但能够为百姓的安全提供保障，而且有些保险还能成为获益的另一种方法。于是，很多人开始购买保险。保险从本质上说是一种法律关系，投保人向保险公司缴纳一定的保险金，保险公司向投保人提供一定的经济支持。双方相互制约、共同受益。

基金不同于前几种投资方式，基金在我国兴起的较晚，大概在 2000 年左右，基金才广泛走入人们的视野。基金的种类繁多，最主要且广为人知的有开放式基金和封闭式基金。但是不论何种形式的基金，风险相较股票

都要小得多，因此基金在近几年得到了许多小额投资者的青睐，渐渐成为了许多工薪阶层的首选。中国在改革开放以后，百姓的日常生活已经离不开理财和消费。

“一卡在手，走遍天下”

传统的消费方式离不开现金交易，而现在一种新的消费方式走进了人们的视野——刷卡消费。刷卡消费现在已经被广大的百姓所接受，“一卡在手，走遍天下不用愁”成为了刷卡消费的生动描述。

但是，刷卡消费在中国的发展可谓是曲折的。

有这样一件趣事，80 年代的中国，还不知何为刷卡消费，何为信用卡。当时来中国旅游的外国友人手里捏着一张信用卡，本以为来到中国可以随处刷卡，但是没想到中国当时不但没有刷卡的设备，连取款也不能随时做到。这件事在当时的社会造成不了不小的反响，同时也受到了国家的重视，像一记警钟，敲响了中国人，中国人意识到当时的金融服务体系已经跟不上时代的脚步了，中国人要快速建立起与世界接轨的金融服务体系。银行卡、信用卡开始走进百姓的生活，中国人成为“世界人”，世界与中国真正连接起来。

经过了 30 年的努力，刷卡消费如今已经成为了许多中国人消费付款的首选方式。

在刷卡业务中，支持全国范围内随处刷卡是银联的重要业务。这个 2003 年成立的中国银行卡联合组织现在已经成为了中国刷卡消费的主导角色。它把中国大多数的银行联合起来，银联中的成员银行之间有些业务具有互通性。现在，银联卡的刷卡结算业务已经占据了中国市场的大部分份额。

在此基础上，中国的信用卡事业的发展也日渐成熟。中国不仅实现了全国遍布自助银行卡业务厅的目标，也实现了近百家的发卡机构和近6亿的发卡量的目标。信用卡的特点是鼓励先消费后还款，不主张提前预存款。虽然信用卡的这种消费理念被绝大多数中国人接受还需要时间，很多已有信用卡的用户也不使用这种先消费后还款的功能，但是不得不说信用卡的确在一点点普及。信用卡是一种中国经济走向世界的窗口，是一种全世界经济互通互融的途径。现在全球通用的Visa卡和Master卡都是这方面的先行者。

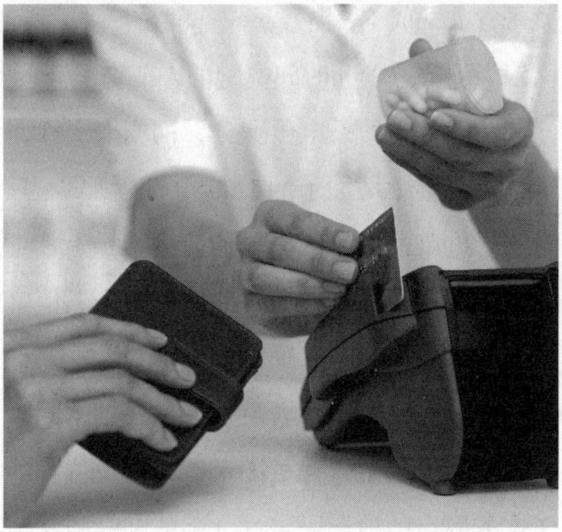
方便快捷的刷卡消费充斥着传统消费方式

为了更方便地进行金钱业务，不用跑到实体银行经营网点，而是坐在电脑前完成一切操作将是非常理想的状态。如今，这种想法得以实现，仅仅通过一个极为简单的举动——到银行为银行卡开通网上银行。

开通了网上银行的银行卡就等于是一张网上金钱相关业务的通行证。它被称为“3A银行”，是因为网银能够在任何时间（Anytime）、任何地点（Anywhere）、以任何方式（Anyway）为客户提供服务。快捷、高效、方便和可靠已经成为了网银的招牌。

网银最大的优点是方便。通过电脑网上操作就能够完成所有业务，而且，由于网络可以同时服务多个用户，利用网银进行交易就省去了大量的等待时间，比传统的现金业务节约交通费、时间等多种成本。省去了时间就是省去了成本，提升了效率就是提升了质量。在事事要求高效率的今天，网银为那些追着和时间赛跑的人节省了资本。

网银处理的是电子业务，同刷卡一样，全程是见不到真正的钱币的，这一点无形中增加了网银的可靠程度。而且在日常交易中，用户都是坐在自己的电脑前边自行操作的，一切步骤都是在自己的操控之下，并无第三方插手。这样不仅避免了泄露用户个人信息的情况，而且保证了用户的账户安全。

网上银行在大大满足了客户要求的同时，也造福于经营者。网上银行的建立，可使银行大范围地扩大用户群和经营量。以前传统银行往往局限于业务网点的地点固定性，不能随时随地地满足客户的要求。很多时候客户有紧急业务要办理，但还来不及到附近的业务点去办理或者去办理却没有时间排队等候，很大程度上会影响客户事情的办理，长久下去，不仅会影响到银行的声誉，而且会造成业务量降低。而网上银行只要在网络覆盖的地方都能供用户处理业务，真正地做到了随时随地办理。不仅扩大了客户的容量，也提高了业务处理的效率，使批量处理和大规模处理业务成为了可能。

由于省去了银行软件、硬件的开发和维护的费用，银行在建立网上银行的同时，又省去了大量的经营花销，进一步降低了成本，提高了利润。网上银行有着许多传统模式的银行所没有的新形式业务和新领域。因此，网上银行会有许多新客户的注册量。由于网络是可以遍布全国乃至全世界的，所以网上银行有着传统形式的银行所没有的覆盖广度。网上银行的建立就等于把全国的用户都纳入到了自己的范围之内。

正如人们追求生活质量的脚步从来未停过一样，人们生活周边的事物也在不断地完善着，为人们的生活提供着各种方便和快捷。数字化、电子化、信息化，已经不可否认地成为了我们生活的大方向。

网购

正如传统的付费方式正在被刷卡消费和网银消费冲击着一样，传统的购物方式也受到现代科技的冲击——网购。

传统的购物需要花费大量的时间去挑选和比较不同商家之间的商品，额外还要搭上路程用时，一旦发现买回去的商品需要退还，又要花重复的时间精力。如此一来，传统的购物模式在快节奏的城市生活中就显得尤为拖沓。

比起传统的购物模式，网上购物（以下称为“网购”）已成为了新兴的购物形式。它不但形成了一定的规模，相比之下，也有一定的优点。如今，网购已经经过了最初的试探阶段，步入了急速上升蓬勃发展的阶段。网购网站铺天盖地地涌现，网购边缘产业也连带兴起。

在网购中分买家、卖家和第三方。卖家如同现实生活中的商家，而买家则相当于现实生活中的顾客。双方都要有网上银行的账号，通过网上银行进行数字电子化的金钱交易。第三方是专门负责监督和确保交易中金钱安全的，在不同的网站中虽然起着相同的作用，但有着不同的名称。在交易进行时，当买家和卖家双方都确定好要进行交易时，买方就将购买物品所需要的现金通过网上银行打入到卖家账户。这样，一笔交易就算完成了。

如今，已形成规模并发展起来的网购网站有几十家甚至上百家之多。门类也极其庞杂，按购买类别可以分为百货、书籍、化妆品、鞋、服装，等等。按购买方式可分为一般网购、代购和团购等。

网购如此广泛地被人们接受不单单是因为它省去了传统购物所要耗费的人力、物力、财力、精力，还在于网络信息量极大，坐在电脑前面就能

网络购物已经普及到生活的各个方面

获得有关要买东西的所有信息，做到不动位置就能货比三家，买到买家所在城市没有的货物。另外，网店卖家省去了店面租金、装修、广告费、服务员雇佣金和存储保管费，所以网络上的商品比现实中的要便宜很多。省时、省力和省钱成为了网购能够在中国大地上蓬然兴起的最大原因。

除了传统网购，几种新型网购方式也在悄然兴起——团购、代购。

团购是近几年新产生的网购形式，之所以称之为团购，是因为每次购买商品或参加活动的人都会组成一个虚拟的购物团队，而这个购物团队的人数就是团购超低价的保证。商家秉承的是薄利多销的原则，因此，凡是参加团购的人，都会享受到单独一个人购买同种商品所享受不到的低廉价格。

代购与团购同样属于新生网络购物形式的网络代购形式，顾名思义是代为购买，一般是进行国际之间的货品交易。通常会有一个负责在国外采购的机构，采购之后，将商品运输到中国国内买家的手中。由于大批量的购买和与商家之间的特殊关系，采购员或采购机构所需支付的价格一般都比国内市场低很多，即使加上运费也仍有差价。这种购物方式不但能买到国内没有的商品，相对于国内有售的同款商品，价格也会便宜许多。

中国正在快速发展中，生活的节奏不断加快，能够留给人们休闲的时间越来越少，任何事情都要讲求效率。在这样的社会中，时间成为了最重要的资源，这使得网购成为了很多白领、学生和家庭主妇的首选购物方式。如今，中国已经发展出了近百家的成熟网购平台，每年的营业额以亿元来计算，网购正在从初步发起阶段过渡到成熟运营时期。网购和传统购物方式在相互竞争的情况下也在相互促进发展。

沟通无“线”

那时记忆

1988 年 11 月，中国国务院制定邮电体制改革“三步走”方向。

1997 年 8 月，全国局用电话交换机总容量突破 1 亿门。

2008 年 6 月，中国网民总数达 2.53 亿，居世界第一。

发电报

1958 年，一部名为《永不消逝的电波》的电影风靡全国，剧中电报在作战期间所发挥的通讯作用给人们留下了深刻印象，发电报的“滴滴”声至今仍在人们耳中回响。在其后的几十年里，电报仍然是人们互相传递信息的主要途径之一。

在 70 年代，电话还不普及，电报就成为了平民百姓日常通讯的主要工具。那时的电报主要承担了为百姓传递生活中重大事件的任务，由于发电报是按字计费的，所以一般发送的电报字数很少，言简意赅，比如“速归”或者“下午 3 点火车站接站”等。由于通讯网络不甚健全，人们为了发一封电报奔波几里地甚至几十里地是常有的事，经常会看见一个满头大汗的人手里攥着写有简单几个字的纸条，跑到邮电局发电报。那时候发电报是要排队的，发电报的人经常排队排出了邮电局，一站就是几个小时。

由于从60年代到80年代电报业务量激增，而且报务员要背下整本的汉字明码（也就是每个汉字相对应的四位阿拉伯数字的代码），所以在那个时候报务员的数量明显增多，一般县城中规模中等的邮电局的报务员就能多达几百个，但是即使这样仍满足不了人们通讯的需求。在电报发展最迅猛的时候，一个小型邮电局一个月的发报量就能达到几百万封，电报已经难以维持主要通讯方式的地位。

写信是一种比电报古老很多的通讯方式，而这种通讯方式因其稳定而便捷一直被人们所使用。但在电报普及的年代，写信因为传递速度相较缓慢、便捷程度不如电报，所以也慢慢地不再是人们的首选。但是写信还是被很多人以特殊的用途所接受。比如在大学中，在那个相对保守的年代，一对恋人往往不会经常见面，而是通过传递书信来表达自己对爱人的思念和喜爱；还有很多人在用书信传递着彼此对某件事物的看法，或者抒发自身的感情，这样的人互相称为笔友。

书信有着不可取代的特点和优势，每当一个人在平静的生活中收到一封远方的来信时，心情总是忐忑和欣喜的。当阅读一封信时，那种新鲜感和满足感也是电报所不能比拟的。可以说，书信比电报承载了更多的感情和思绪，它让人们拥有了畅游奔驰的思想天地。

随着人们生活的丰富和节奏的加快，电报和通信已经满足不了百姓的生活所需，早在清末传入中国的新型通讯工具——电话，开始进入百姓生活。

人手一机

80年代的电话还没有普及到寻常百姓家，多设置在街道两旁的公用电话亭内，电话亭之间距离较短，每个电话亭“管辖”一块区域，当街坊邻居的电话打来的时候，电话亭的摊主就会记下电话号码和要找的邻居，这样一张全国的电话网络便建立了起来。那一时期的街边公用电话变成了人们通讯最方便的工具，但是长途联络仍然不甚方便，长途电话不但线路少，而且信号也不好，一通电话经常打半个小时也接不通。于是，更加便利和快捷的通讯方式越来越被人们所期待。

寻呼机在一定程度上满足了人们的这个需求。寻呼机，又叫 BP 机或者 CALL 机，它能随时接收由寻呼台传送过来的消息，想要发送消息的人只要把电话打进寻呼台，由人工将消息传送至移动终端的寻呼机上，联系便建立起来了。这样就等于将一个移动的信息接收终端带在身上，随时随地能够接收别人传来的信息。寻呼机在中国广泛使用还是在 90 年代。那时候大街小巷时不时都会传来“嘟嘟，嘟嘟……”的电铃声，很多人会下意识地低头看看自己别在腰间的寻呼机是不是有消息传来，那时，佩带寻呼机已经成为了一种时尚，很多人以佩带寻呼机来显示自己的身份。

但是，寻呼机有着自身的弱点——只能接收，不能回复。要想建立双向联系，在收到消息后，被传呼的人还是要找到公用电话亭回电话，这样才能互相建立联系。由此，一个既能收到消息又能输出消息的设备出现了，那就是早期手机大哥大。

大哥大名称的由来是因为早年由万梓良主演的一部电影，同时也因为它的个头很大，拿在手里极其显眼，显示出一种“大哥”、“老板”的身份。大哥大在 90 年代中期迅速取代了寻呼机在中国的位置，主要是因为它是个双向传输的移动通讯设备。它已经具有了现在手机的基本功能。当时的大哥大同寻呼机兴起时一样，是一种地位和身份的象征，而且大哥大的价格不菲，早期往往达到两三万元一部，而且进入模拟移动电网的入网费也高达几千元钱，这在 90 年代中期是一笔不小的数目，这也导致了大哥大被社会普遍接受的程度不高，在大众经济接受能力范围内的移动设备呼之

大哥大和 BP 机曾经是风靡一时的通讯工具

经典寻呼机造型

欲出。

进入了新世纪，中国移动通信集团公司彻底关闭了支持大哥大运营的模拟移动电网，以适应如雨后春笋般出现的各色移动电话，即现在所说的手机。在一批带头企业的拉动下，中国移动电话事业迅猛发展，手机外形从翻盖、直板到简化了键盘的全触屏；性能提高从只能打电话、发短信到现在的集上网、游戏、电子书阅读等一系列功能于一身的高级智能手机；网络建设从最初的只能支持打电话、发短信，到现在走到哪里都能上网，中国的移动电话事业迅猛发展，受益人群不断扩大，人数不断增加。

电子邮件

在网络建设不断完善的新世纪初，另一种沟通媒介悄然兴起——网络。网络建设早在 80 年代就已经逐步启动，在 1993 年中央提出了“金桥工程”用来加强国家公用经济信息通信网的建设。在清华大学第一个建立了校园网络之后，中国通信网络飞速发展，仅用了两年时间就迈开了将英特尔通向全国的第一步，此后随着各地网络的建成和互联，中国的网络真正实现了“互联”，网络逐渐走入了中国百姓的平常生活中。如今已经是各处能上网，各种工作离不开网络，各职业各年龄段的人都会上网。相应地，网络安全和网络应急措施也相继颁布，中国的网络事业得到了逐步完善。值得一提的是，在信息传播不断加快的时代，网络也成为了人们传递新闻、表达感情的便捷渠道。

随着科技的不断发展，人们的联络方式也在多维度立体化的延展。网络交际成为了中国进入新世纪以来逐渐流行的交流沟通方式。一系列的社交网站和软件出现，大大方便了人们日常交际。最先走入人们生活的、代替传统社交方式的便是电子邮件，即 email。电子信件代替传统信件的传递有其必然性，电子邮件在网络允许的情况下发送更便捷，编辑完成后，点击“发送”按钮，便可以将信件发送到接收人的信箱中，免去了中间传递的时间、人力、物力、财力的耗费，真正的绿色、便捷。另外，电子邮件还可以记录一段时间内的已发信件和已收来件，还可以存储收件人的电子收件地址，所有程序在一个网络界面上都可完成，方便迅速，尤其适合上班族对时间效率的高要求，电子邮件现在也逐步成为了公司之间官方交流和私人间感情沟通的重要渠道，传统邮寄信件的方式正逐渐被取代。

但是，电子邮件毕竟需要等待收件人的阅读和回复，如果收件人长时间没有登陆自己的邮箱和查阅邮件，那么联系就会中断，沟通也就不能建立起来。那么，将人的距离拉的更近的，沟通更加有效率的方式便产生了——网络聊天室。网络聊天室是一种网络虚拟聊天空间，这种方式类似于人和人面对面坐在一起聊天，是通过网络提供一个共享的空间，每个参与聊天的人所说的话都会在一个区域集中显示，既可以两个人单独聊天，也可以多个人群体聊天，效果就如同聊天者真正在现实中坐在一起沟通一样。

随着聊天的热度迅速上升，专门的聊天工具诞生了，起初虽然受制于互联网的拨号上网，但在后来中国取消了拨号上网这种比较老旧且缓慢的上网方式之后，聊天工具就以它前所未有的快捷和方便占领了网络沟通的份额。一时间，中国大地上各种网络聊天工具异军突起。方式虽然各异，但是本质相似，几乎都是建立一种联系列表，可进行文字沟通和语音联系。这种技术上的进步，使得新世纪以后的聊天工具的发展非常迅速，许多以前还只是在互联网边缘生存的小企业，一夜之间产生了一位身价过亿的大总裁。人们的生活也在接受新事物的同时不断地向前推进，人和人之间的沟通越来越方便了，几乎是随时随地都能找到要找的人，说出要说的话。

博客与微博

有些话能够当面说,而有些话则是要埋在心里,人和人的沟通如此微妙。网络上同样有记录这些语言的空间，就是博客。

博客在 90 年代末正式进驻中国的网络，但是同众多的新生事物一样，起初，博客并没有很快流行且发展起来，而是到了 2000 年才被中国网民所熟知，时至今日，博客仍然是人们抒发感情、表达观点的重要途径。

博客，又叫网络日志、部落格，是一种发布在网上的个人日志，每个注册的用户都拥有自己的专属空间，可以发布各种文字或者图片的信息。在安放自己心灵的同时还可以作为一种保存和记录的方式。博客也算是一种“静态的”人与人之间沟通和交友的方式，在用户互相访问博客空间的同时，也达到了互相学习、交流的效果。

在当今社会中，博客已经被人们广泛运用，特别是当社会中有重大新闻事件出现的时候，博客已经不单单是一种抒发感情的工具，而是充当了社会舆论传播者的身份。当重大新闻事件刚刚发生的时候，博客可以是第一个传播时事的媒介，在新闻风头过后，博客可以是众说纷纭、大众评论的平台。生活中的各个方面、各种事情几乎都逃不过博客的眼睛，人们在网络上的言论自由度使得博客成为了很多网友发表个人看法的广阔天地。随着博客的盛行，越来越多的人开始深入了解社会、主动探究社会、积极完善社会。

但是，博客同电子邮件一样，需要通过一系列的操作才能完成，而生活中往往没有机会随时随地地登陆自己的博客，访问别人的博客。一种更为快捷和流行的记录方式随之产生——微博。之所以叫它微博是因为它每次允许发表的文字字数最多只有 140 个，而不像博客那样可以长篇大论，微博的图片每次也只能发表一张，而且对图片的大小也有限制。也就是说，微博上发表的东西都是精炼短小的。

微博作为一种网络传输信息的平台，虽然限制了所发文字的长度和图片的大小，但是它提高了发布的速度，也节省用户的空间。适应当今高速生活的微博自然还有其他的优势，那就是比博客更快速地发布和接受信息。登录方式上，微博拥有桌面、浏览器以及移动平台上多种登陆的方法，真正做到了随时随地发微博、随时随地看微博。尤其是当移动电话普及了以后，特别是电子移动终端成为了微博的浏览工具以后，人们真正的在任何地方任何时间都能够登录微薄。也正因为如此，现在在大街小巷都能看到人们在用手机看微博，尤其是在一些需要等待的时候，比如在地铁上、等候排队中。微博借助着移动电话和网络的迅猛发展，已经深入到了人们生活的每个细节中。

生活的一切都可以通过微博来记录。每天的饮食起居，奇异见闻。微博同博客一样，但是更胜于博客的就是它的媒体传播效应。微博比博客更加快捷的捕捉生活中的事件，同时以更快的速度将其发布到网上，由于微博的时效性极高，所以这些新闻被在第一时间发现，并且传播开来，可想而知，微博所产生的舆论效应也是很强大的。所以，在当今社会，微博已经成为了约束社会行为、传播社会见闻、沟通人际情感的重要工具。

有句话说得好：微博把平民和莎士比亚放在了同一起跑线上。

经历了30年的变迁，沟通方式的不断进步使得人与人之间的距离越来越近。我们的社会正在逐渐走向信息化、网络化和人性化。

给地球洗澡

那时记忆

1978 年 5 月，最早的民间环保组织“中国环境科学学会”成立。

1979 年 5 月，第五届全国人大第十一次常委会通过《环境保护法（试行）》。

1998 年 3 月，国家环保局升级为国家环保总局。

何谓环保

地球是人类共有的家园，生存环境对人类的繁衍生息、进步发展至关重要。近 30 年来，环境保护意识逐渐深入人心，相关政策日渐完善，环保举措日臻完善。

环境问题受到重视始于北京的官厅水库事件。1971 年末到 1972 年初，北京市场上出售的淡水鱼发现异味，食用后有部分市民出现中毒的症状。经调查，这些鱼出自北京官厅水库，由于北京官厅水库边的工厂向水库内注入废料废水，大量死鱼出现在水库下游，甚至部分鱼流向市场。这一事件，另加当时同样引起中央高度重视的大连湾事件，大同、张家口水污染，惊醒了当时的中国人，中国的环境保护事业已经刻不容缓。

1972 年 6 月，中国政府派代表团参加了在斯德哥尔摩举行的首次人类环境会。会议上，中国同当时世界上的发达国家对环境的观念有很大出入，

龟裂的大地

爱护地球现在已经成为人们的共识

甚至对“环境污染”、“环境保护”这样的概念的理解都不甚相同。那时的中国将环境问题总结为“工业三废”问题，即废水、废气和废渣问题，而世界大会所谈论的问题则是大气圈、水圈、生物圈等“大环境”问题。这让当时参会的中国人非常震惊，最后大会通过了《人类环境宣言》，也通过这次会议，中国明确了“环境保护”的概念，环境保护这一话题开始进入到中央的议事范畴之内。就此，中国迈开了环保走向国际化的第一步。

70 年代，中国在初步意识到环境保护这一概念之后，马上采取各种行动完善中国有关环境的各项文件和法规法则。1973 年 8 月，国务院召开了历史上第一次全国环境保护工作会议，通过了新中国的第一部环境保护文件——《关于保护和改善环境的若干规定》，成立了新中国第一个有关环境的中央办公室——国务院环境保护领导小组及其办公室，同时通过了新中国第一个环境管理制度——“三同时”，即“防止污染措施必须与主体工程同时设计、同时施工、同时投产”。与环境保护相关的各项法律法规、部门设置也逐步完善。从此，新中国的环境保护事业迈出了决定性的第一步。

1978 年，全国人大五届一次会议通过的《中华人民共和国宪法》中，第一次对环境保护做出了明确规定：“国家保护环境和自然资源，防治污染和其他公害”。1979 年，第一部环境保护法——《中华人民共和国环境保护法（试行）》通过。标志着我国的环境保护事业踏上了有法可依、有法可循的道路。

全民行动，人人环保

随着改革开放的实施，中国环保走入了人民群众的视野中，民间环保组织如雨后春笋般纷纷建立，民间环保组织的实力不断壮大，规模不断扩大，参与人数不断增加，如今已经成为中国环保进程中强有力的一部分。

中国民间环保组织是以环境保护为主旨，不以营利为目的，不具有行政权力并为社会提供环境公益性服务的民间组织。1978 年 5 月成立的“中国环境科学学会”是有政府牵头成立的中国第一个民间环保组织，随后在 1991 年辽宁盘锦成立了“黑嘴鸥保护协会”和 1994 年在北京成立了“自然之友”之后，中国的民间环保组织事业开始了蓬勃发展。

如今我国的民间环保组织已经有两千多家，从业人数几十万人，地点多集中在北京、上海、重庆和一些沿海城市，其次集中在自然生态相对丰富的湖南、湖北、四川、云南等地。全国的民间环保组织已经形成了网状分布的态势，活动区域遍布全国各地。其中较为知名的组织如“中国野生动物保护协会”、“北京地球村”、“绿色和平·中国”、“绿色江河”、“世界自然基金会 (WWF)”、“中国环境科学学会”、“中国野生动物保护协会”和“自然之友·中国文化书院绿色文化分院”。这些民间环保组织用自己团结起来的力量，深入到社会环境保护角落中去，洞察着社会中细微的环保需求，发挥自己的力量，填补着环保事业上的空白，为中国的环保事业贡献自己的一份力量。其中有很多活动项目已经获得了显著的成效，收到了良好的社会评价。

30 年的时间，民间环保组织走遍了祖国各地，各种环境保护活动涌现。

如：保护青海省藏羚羊；保护滇金丝猴；保护怒江、慎重开发；“26度空调行动”；中华环境保护基金会设立“中华环境奖”和“中国野生资源保护奖”；反对云南圈地毁林；保护母亲河行动；中国环境科学学会发起“两岸四地环境论坛”和“千乡万村环保科普行动”；“环境教育交流教学车”；“绿色青年课堂”；“SEE”守望家园行动和“树葬”倡议等。

“26度空调行动”是2004年开始，至今都在推行的环保活动”。起初是由六家民间环保组织共同发起，旨在通过控制夏天空调的温度设置达到减少有毒气体排放入大气层，从而达到保护环境的作用。在活动刚开始的三个月里，六个民间环保组织举办了“7·13志愿者自行车环城宣传”、“7·16企业参与者颁奖活动”、“8·22空调26度健康讲座”、“9·4《后天》放映及气候变化讲座”等一系列环保活动。最后，在数百名的志愿者的辛勤努力下，承诺加入“26度空调节能行动”的组织达到了十余家，有近百名表示志愿参加活动并在条幅上签名的志愿者。

26度空调观念深入人心

但是他们并没有满足于这样的宣传力度。在2005年，他们又延续了这一主题，将这一主题做成了长期活动主题。这一年除了起初的六家组织，又有中国环境文化促进会、香港地球之友、保护国际这三家民间环保组织加入到了活动中来。九家民间环保组织联手在北京市内的各大酒店、商场和办公楼发放环保承诺卡，自愿加入承诺监督行列，加入后，企业将要承担起互相监督的责任。2005年7月，九家环保组织集中了35名志愿者到50家公共场所进行温度测量，测量结果受到了社会的很大关注，这一举措在很大程度上督促了公共场所的室温控制，环保观念深入人心。

环保健将彰显个人魅力

80年代可谓是环境保护发展的黄金时期，国家大力投入，收效可观。环境保护被定为我国的基本国策就是在1983年召开的第二次全国环境保护工作会议上，并且明确规定了“预防为主、防治结合”、“谁污染、谁治理”和“强化环境管理”的环境保护三大政策。

90年代，中国的环境保护事业进入了快速发展时期。“八五”计划期间，国家通过了有关环境发展的第一份白皮书——《21世纪议程——中国21世纪人口、环境与发展白皮书》。“九五”计划时期，又通过了《中华人民共和国国民经济和社会发展“九五”计划和2010年远景目标纲要》，把环境保护纳入到了现代化建设的重大战略之中。同一时期，国务院还发布了《关于环境保护若干问题的决定》，国家实施了《污染物排放总量控制计划》和《跨世纪绿色工程计划》，建立了“33211”工程——“三河”（淮河、海河、辽河）、“三湖”（太湖、滇池、巢湖）水污染防治，“两控区”（酸雨污染控制区和二氧化硫污染控制区）大气污染防治、“一市”（北京市）、“一海”（渤海）。1998年，国家环保局升级为国家环保总局，成为了国务院直属的正部级单位。

值得一提的是，进入 90 年代以来，中国的环保立法日臻完善，大量有关法律法规相继颁布实施，环境立法进度快步推进，适应了市场环境，形成了适应时代要求的环境法律和标准体系。相关立法主要集中在三个方面：资源和生态保护、污染防治和防灾减灾，相关立法达到了十余部之多。至此，环境保护工作已经卓有成效、步入正轨。

在这一时期，一位民间环保大使出现在社会舆论的前沿——电池大王田桂荣。

她是一位河南省新乡县的农村妇女，在 1998 年得知废旧电池对环境和人身都有非常大的伤害之后，她决定开始凭借自己的力量收集身边的废旧电池。她先后制作了 3000 面宣传旗 600 只废旧电池收集箱和 50000 张环保宣传倡议书，投入了 20 多万元，一共收集废旧电池 65 吨。在她收集废旧电池期间，还在新乡县的报纸上发表了题为《不要再糟蹋地球了》的文章，发出倡议，并且走访县内学校，进行义务宣传。2001 年，她还创办了第一个农民环保网站，创建了第一个农民环保协会。她的事迹一经播出引起了社会的剧烈反响。现在，她的环保组织已经有会员 10000 多人，并且荣获了福特国际环保奖和格雷特曼等多项大奖。

迈向国际，资源共享

进入新世纪，环境保护事业在学习历史经验教训的同时，加大了环保建设的力度、拓展了工作的维度，使得环保事业在国际化、信息化和现代化的大背景下取得新的成绩、发挥新的作用。

2008 年，环保总局突破当时部委整编的大环境，成为了为数不多的上调部门，成为了环境部。这说明国家、政府和社会对环境保护的认识正在不断的深入，环境保护已经成为了现今中国高度重视的问题之一。

新世纪的环保事业正在逐渐走向国际化。

1992年，国家成立了中国环境与发展国际合作委员会（简称国合会），这是一个由中外高层人士与权威专家组成的高级国际咨询机构。主要职责是针对中国环境与发展领域的重大问题进行研究，向中国政府提出建议，促进中国可持续发展的进程，对中国政府的环境与发展决策作贡献。从建立起到今天，历经四届的国合会作用日益突出。

除了完善自身的同时，中国还积极寻求在国际对话平台上同全球范围内的专家学者、政府官员直接对话，寻求共同目标、解决环境问题。

2010年12月8日，中国参加了联合国坎昆气候大会高级别会议，会上，中国提出了四点建议得到了与会国家代表的高度赞同，使得大会取得了积极成果。中国在世界环境问题上又一次发出了自己的声音。中国代表团团长解振华表示："在联合国气候变化国际谈判20年的进程中，国际社会先后达成了《联合国气候变化框架公约》、《京都议定书》和'巴厘路线图'，形成了全球合作应对气候变化的基本法律框架……这些成果来之不易，必须倍加珍惜，各方应当在此基础上共同推动坎昆会议取得积极成果。"

在政府积极寻求同世界接轨，同国外知名专家合作之时，中国出现了一位"有本事把世界上所有最好的专家都搬来解决中国环保问题的女人"——刘佩琦，一个美国麻省理工学院的高材生。

2007年，刘佩琦在美国成立了中美民间清洁能源合作组织，并邀请美国前总统比尔·克林顿和维珍航空创办人查理·布兰森作为组织顾问。该组织计划通过扶植市场为导向的行动计划来推动、改进能源效率，提高清洁能源供给。刘佩琦在2008年登上了美国《时代》周刊，被评为"地球环保英雄"。她曾经说道："我们做每一个环保项目都立足于中国，我们想成为这一领域联系中国与西方的桥梁。”

中国环保事业在政府与民间的全方位多角度的努力下，已经从无到有，正在立足中国，寻求国际合作，造福中国，造福世界。

低碳生活

低碳是近几年逐渐走入人们视野的一个新兴理念。所谓低碳生活就是把日常作息时间内所耗用的能量降到最少，从而排放最少量的二氧化碳。

低碳生活已经从最早提出的一个概念变成了一种时尚。现在的中国人，尤其是在城市生活的人们，普遍接纳了低碳生活这个概念，并把发扬这种低碳精神作为一种时尚。

举个例子来说，一家大型超市，自然会有很多冷藏冷冻冰柜，敞开式的冰柜要比玻璃门的冰柜多耗费20%的能源，如此夜以继日的累积，每年就要多耗费几十吨煤，多排放上百吨二氧化碳，多耗费几十吨水，全国上千上万家超市，全世界就更加不计其数了，如此算下来，节约所收到的功效会是惊人的，所造成的浪费更是触目惊心的。

寻根溯源，人类为何提出低碳生活，是什么引发了人们对现有生活的重新思考？答案是生活和工业中大量排放的二氧化碳，使得全球气候变暖。全球气候变暖又意味着大量冰川积雪融化，海平面上升，临海城市有着被淹没或者被半淹没的危险。而历史的发展将滨海城市塑造成了世界城市中相对发达的那一部分，沿海城市一旦受到被淹没的威胁，世界经济将遭到毁灭性的打击，人类的损失将是无法估量的，甚至是毁灭性的。

基于此，人们开始关注这类问题的同时，也努力寻找抑制此类现象出现的途径，低碳自然就被提到了日程上来。

低碳现在已经不仅仅是一种生活范畴的理念，它还深入到了国家经济

绿色出行 低碳减排

新能源 太阳能

新能源 风能

当中，“低碳经济”已经成为了国家重点要发展的经济模式之一。

低碳经济是在2010年8月在中国五个省八个市展开试点开始试运行的。它是指在可持续发展的理念指导下，通过技术创新、制度创新、产业转型、新能源开发等多种手段，尽可能地减少煤炭石油等高碳能源消耗，减少温室气体排放，达到经济社会发展与生态环境保护双赢的一种经济发展形态。

低碳经济是新世纪中国最热点，最有开发潜质的经济发展形态之一。现在世界范围内的环境问题非常严峻，低碳经济又是一种以构建低能耗、低污染为基础的经济发展体系，这种新经济模式自然受到全世界的欢迎，中国也不例外。低碳经济的理想状态是达到阳光、风能、氢能、生态生物质能经济的发展。因此，在如此高程度的关注环保、节能、绿色、持续的今天，低碳经济自然变成了热点和时尚。

“新”情

那时记忆

1982 年 12 月，第五届全国人民代表大会第五次会议通过计划生育政策。

1991 年 9 月，全国人民代表大会通过《中华人民共和国未成年人保护法》。

2000 年 11 月，第五次中国人口普查显示我国已进入老龄化社会。

新式婚姻，追求和谐

婚嫁，在中国传统文化中被称为“终身大事”。直到现在，在中国人的心中，婚姻嫁娶也是人生中举足轻重的一件大事。

在古代，青年男女的婚娶都是由父母定夺，指腹为婚和媒妁之言都是不能违背的。一直到近代，中国人的感情世界才打开了一扇窗，人们开始懂得用自己的行动去追求真爱。在改革开放之后，中国人的婚恋观念更是发生了很大的变化。等到 80 年代出生的年轻人到了谈婚论嫁年龄的今天，婚姻在人们观念中已经不再是一纸婚约，而是两个人心理生理的完全契合，人生追求的统一，社会价值的升华。

这一批年轻人出生、成长在改革开放的洪流之中，在外国高科技之风吹遍中华大地的同时，也为 80 后带来了新思想、新观念。“裸婚”、“闪婚”、“隐婚”、“素婚”、“淘婚”和“恐婚”等新婚姻现象逐渐出现在现代中国人的婚恋生活之中。

执子之手 与子偕老

育儿新经

上世纪70年代，中国开始在全国范围内实行计划生育政策，这一政策在1982年被确定为基本国策，2001年成为国家法律。

在经济发展和人口压力面前，中国及时做出了判断，采取了行动，在计划生育实施的30年里，中国少生了4亿人。使得中国在人口压力过大的情况下保证了经济的发展，控制了人口的激增。

计划生育政策落实到了每家每户，许多配套的宣传措施相继推出。最为醒目和有力的要算是各个地方的宣传标语。当时除了中央颁布的一些宣传口号外，各地方就计划生育政策的宣传，张贴出了各色标语。

例如，在江苏一带流行这样一句话：宁可血流成河，不能超生一个；山西一带的版本是：山区人民要想富，少生孩子多种树；在湖北，计划生育的宣传都进行到了火葬场的墙上，湖北当地的某一火葬场的墙上就有这样一句话：经济搞上去，人口降下来。

这些宣传标语现在看来已经有些可笑了，但是它们的确反映了当时人们推行计划生育的力度和决心，体现了中国人民响应中央的号召，大力发展国家经济、壮大国家实力的雄心壮志。

随着中国计划生育政策的推行，第一批生在 80 年代，长在 90 年代的计划生育婴儿已经步入了谈婚论嫁的年龄。

每一代人都脱离不了时代的印记，80 后也如此。随着改革开放之风而来的开放思想和新鲜的婚恋观念充斥着 80 后的大脑，他们的新时代婚姻观同旧的婚姻观有着很大的不同。这一代人的后代往往被赋予了更多的时代色彩。

在新旧世纪之交，许多婴儿诞生了，这些婴儿被称为“世纪婴儿”。世纪交接这一难逢的历史时刻让很多年轻父母选择让自己的孩子在这一刻出生。甚至很多年轻人将产期特意调整到这一时刻。导致在 1999 年年底，在临近历史时刻的时候，有很多未到预产期的孕妇选择了剖腹产，形成了剖腹产高峰。如今，这些世纪婴儿大多已经步入了初中阶段的学习，而这一代孩子的成长伴随的是从幼儿园开始的入园难和求学时期的入学难。

中国近些年另外一个生育高峰期是 2012 年，也就是中国传统十二生肖中的龙所代表的年份。龙在中国自古就象征着神圣和吉祥，这也赋予了龙年出生的宝宝以吉祥如意的祝愿和高贵稀有的象征意义，这让许多年轻父母将宝宝的生日选择在了传统意义上的龙年。

值得一提的是，儿童的教育在近几十年受到了极大的重视，不单政府强调、民间活跃而且父母重视。

儿童教育正在逐渐趋向低龄化，儿童接受各种教育的时段越来越提前，

幼儿教育日益正规化和专业化

幼儿园老师在带着孩子们进行火灾消防演习

出现了胎教和多种形式的胎教周边产品。由于婴儿在怀孕六个月的时候大脑的细胞数量就同成人相差无几，所以胎教在近几年越来越受到年轻父母的重视和欢迎。除了最常见的听音乐进行胎教以外，按摩或者语言胎教的方法也被广泛应用。

在宝宝出生以后，所接受的教育也同改革开放前有着很大不同。从孩子出生开始，大量的学业负担和课外拓展补习就充斥了现代孩子的生活。从幼儿园时期就开始学习钢琴、舞蹈、书画、武术等各种课外补习班。全面发展和素质教育等现代教育观念成为现代年轻父母教育孩子的主导思想，父母们不再满足于学校教授的基础知识，课余时间还要为孩子安排各种专业课程的补习课程。现代孩子在素质全面提高的同时，也承受了过大的压力。

疯狂的课外补习

老龄化与少子化

家庭，是组成中国社会的一个个小细胞，每个人都属于一个家庭，每个家庭都承载着个人的梦想。

中国古代传统社会中存在着大家庭的梦想，直到现在中国社会都是以小家庭为主要家庭模式存在着的。随着中国改革开放的不断深入和新观念的产生，使得中国社会除了传统的家庭模式外，又出现了“丁克家庭”、“空巢家庭”和“421 家庭”的新家庭模式。

生活节奏不断加快，对生活质量要求的不断提升，很多 80 后父母选择或者不得不选择不生育下一代，形成了许多仅有夫妻两人却没有下一代的“丁克家庭”。

城市化进程不断加快促进了农村青壮劳动力向城市转移，城镇周边的农村里很多家庭中仅剩下老人，年青一代人的缺失形成了仅有老人没有青壮年的“空巢家庭”。

4+2+1 形式家庭成为中国社会主流

由于计划生育制度的实施，到新世纪，许多中国家庭形成了夫妻两人、四个老人和一个孩子的家庭结构，被形象的称为“421 家庭”。这种模式是当前中国社会中存在的最普遍的家庭模式，也是未来一段相当长的时间里将会持续存在的家庭模式。现代社会不但加大了年轻人的生存压力，也增加了年轻人的养老压力。由于近 30 年的低出生率，年轻人口所占比例不断下降，少子化现象严重，另外，中国卫生环境不断改善，人均寿命有所延长，中国社会呈现了老龄化的趋势。同世界的人口老龄化现象一样，中国在迈向现代社会的过程中接受了严峻现实的考验。